马克思主义理论研究和建设工程重点教材

军队政治工作学

（第二版）

《军队政治工作学》编写组

人民出版社

高等教育出版社

图书在版编目（ＣＩＰ）数据

军队政治工作学/《军队政治工作学》编写组编. --
2 版. -- 北京：人民出版社，2024.6
马克思主义理论研究和建设工程重点教材
ISBN 978-7-01-026640-4

Ⅰ.E221.3

中国国家版本馆 CIP 数据核字第 2024PR7135 号

责任编辑　任　民　　　　封面设计　王　洋　　　　版式设计　于　婕　　　　责任校对　东　昌
责任印制　周文雁

出版发行　人民出版社　　　　　　　　　　网　　址　http://www.peoplepress.net
社　　址　北京市东城区隆福寺街99号　　版　　次　2011 年 7 月第 1 版
邮政编码　100706　　　　　　　　　　　　　　　　　　2024 年 6 月第 2 版
印　　刷　北京中科印刷有限公司　　　　印　　次　2024 年 6 月第 1 次印刷
开　　本　787mm×1092mm　1/16　　　定　　价　26.00 元
印　　张　13　　　　　　　　　　　　　购书热线　010-84095064
字　　数　220 千字　　　　　　　　　　咨询电话　010-84095103

·马克思主义理论研究和建设工程重点教材·

马克思主义理论研究和建设工程咨询委员会委员、审议专家

（以姓氏笔画为序）

王伟光	王梦奎	王维澄	王嘉毅	韦建桦
尹汉宁	左中一	龙新民	宁吉喆	邢贲思
曲青山	曲爱国	刘永治	刘国光	江金权
汝　信	孙　英	孙　谦	孙业礼	李　伟
李　捷	李书磊	李君如	李忠杰	李宝善
李培林	李景田	李慎明	吴杰明	吴德刚
何毅亭	冷　溶	沈春耀	怀进鹏	张　宇
张文显	张树军	张研农	陈　晋	陈宝生
邵华泽	欧阳淞	金冲及	金炳华	周　济
郑必坚	赵长茂	胡和平	南振中	信春鹰
逄先知	逄锦聚	姜　辉	袁贵仁	袁曙宏
贾高建	夏伟东	顾海良	高　翔	高永中
隆国强	蒋乾麟	韩　震	韩文秀	谢伏瞻
甄占民	靳　诺	路建平	虞云耀	蔡　昉
雒树刚	滕文生	颜晓峰	魏礼群	

《军队政治工作学》教材编写课题组

首席专家　蒋乾麟　　吴杰明　　侯敬智　　刘戟锋

主要成员　（以姓氏笔画为序）

王幸生　　龙方成　　刘星星　　齐春元

李铁民　　肖益朝　　沈国权　　张理海

赵　勇

《军队政治工作学》教材修订课题组（第二版）

首席专家　吴杰明　　沈志华　　苗润奇

主要成员　（以姓氏笔画为序）

孙金祥　　杜中武　　杨红章　　宋联江

张　伟　　张丙辰　　张严瑞　　张轩豪

陈岸然　　尚　伟　　孟　财　　赵　勇

荆　磊　　谈志兴　　龚　波

目　录

绪　　论

本教材所界定的军队政治工作学，特指中国人民解放军和中国人民武装警察部队的政治工作学。军队政治工作学是中国共产党在军队中长期政治工作实践经验的理论结晶，是研究军队政治工作现象、本质和规律的科学，是以马克思主义及其中国化时代化成果为指导的中国特色军事科学的重要组成部分。

中国人民解放军和中国人民武装警察部队是中国共产党缔造和领导，用马克思列宁主义、毛泽东思想、邓小平理论、"三个代表"重要思想、科学发展观、习近平新时代中国特色社会主义思想武装的人民军队，是中华人民共和国的武装力量，是人民民主专政的坚强柱石。紧紧地和中国人民站在一起，全心全意地为中国人民服务，是这个军队的唯一宗旨。中国人民解放军和中国人民武装警察部队必须坚持以习近平新时代中国特色社会主义思想为指导，深入学习贯彻习近平强军思想，始终不渝地保持人民军队的性质、宗旨、本色，忠于党、忠于社会主义、忠于祖国、忠于人民，深刻领悟"两个确立"的决定性意义，增强"四个意识"、坚定"四个自信"、做到"两个维护"，贯彻军委主席负责制，坚决听从党中央、中央军委和习主席指挥。

中国共产党把马克思主义基本原理同中国革命战争和人民军队建设实践相结合，创立和发展了军队政治工作，并把军队政治工作的实践经验上升为科学理论，逐步形成了较为完整的理论体系——军队政治工作学。1985年，国务院学位委员会将军队政治工作学列为军事学门类中的一级学科。学习研究和创新发展军队政治工作学，对于丰富完善军队政治工作学学科体系，对于加强和改进军队政治工作、推动新时代政治建军方略贯彻落实，对于更好地发挥政治工作生命线作用，确保我军始终成为党绝对领导下的人民军队、确保有效履行新时代军队使命任务，对于实现党在新时代的强军目标，将起到重要的学科理论支撑作用。

一、军队政治工作学的研究对象和领域

科学认识军队政治工作学的研究对象和领域，应从准确把握政治、军队、政治工作、军队政治工作、军队政治工作学这几个基本概念入手。马克思主义认为，政治和军队都是人类社会发展到阶级社会的产物，是一定阶级实现其根

本利益的手段和工具。政治是经济的集中表现，其实质是处理阶级之间和不同国家、民族之间以及阶级内部的关系，其核心是国家政权问题。军队是国家或政治集团为准备和实施战争而建立的正规武装，是国家政权的重要组成部分和战争力量的主要组织形式。毛泽东指出："军队是国家政权的主要成分。谁想夺取国家政权，并想保持它，谁就应有强大的军队。"① 政治工作是一定阶级、政党和国家动员组织民众实现其政治主张、维护其根本利益的实践活动。军队政治工作是一定阶级、政党和国家在其所属军队中动员组织官兵，以及在军外动员组织与军事活动有关民众的实践活动。有什么样的政治，就有什么样的军队，也必然有什么样的军队政治工作。从这个意义上讲，政治工作存在于一切军队之中。我军的政治工作，是指中国共产党在军队中的思想工作和组织工作，实质上是党领导和掌握军队的工作，是构成军队战斗力的重要因素，是实现党对军队绝对领导和军队履行职能使命的根本保证，是我军的生命线。军队政治工作学是关于军队政治工作的理论学说，来源于军队政治工作实践，是军队政治工作的理论概括和实践指导。

（一）军队政治工作学的研究对象

毛泽东指出："科学研究的区分，就是根据科学对象所具有的特殊的矛盾性。因此，对于某一现象的领域所特有的某一种矛盾的研究，就构成某一门科学的对象。"② 军队政治工作学的研究对象就是军队政治工作这一领域所特有的矛盾运动。军队政治工作作为一项社会和军事实践活动，就其内部系统来说，包含着四个既相互区别又相互联系的要素：军队政治工作主体、军队政治工作客体、军队政治工作目的、军队政治工作途径。这些要素的内在联系及矛盾运动，构成了军队政治工作现象，反映了军队政治工作本质。军队政治工作学就是研究军队政治工作主体、客体、目的和途径诸要素及其相互作用与矛盾运动的知识体系。

军队政治工作学从研究军队政治工作现象入手，进而揭示其本质。现象观察和经验总结是军队政治工作学研究必不可少的阶段，但是仅仅停留在这一阶段是不够的，还必须经过"去粗取精、去伪存真、由此及彼、由表及里"③ 的科学抽象，不断深化对军队政治工作这一实践活动特殊本质的认识。本质是事

---

① 《毛泽东选集》第二卷，人民出版社 1991 年版，第 547 页。
② 《毛泽东选集》第一卷，人民出版社 1991 年版，第 309 页。
③ 《毛泽东选集》第一卷，人民出版社 1991 年版，第 291 页。

物本身所固有的、决定事物性质和发展的根本属性。同其他事物一样，军队政治工作有着区别于其他事物的特殊本质。对军队政治工作本质的研究，是军队政治工作学在研究现象、积累感性认识基础上的必然深入。军队政治工作学，正是以军队政治工作特有本质作为研究对象，具体研究人民军队政治工作区别于剥削阶级军队政治性工作的本质特征，研究我军政治工作与党在地方群众中开展的思想政治工作的本质联系和区别，研究军队政治工作与党在军队中的军事、后勤、装备等工作的本质联系和区别。由于军队政治工作的实践活动主要表现为军队政治工作主体、客体、目的、途径四个基本要素的矛盾运动，因此研究和揭示军队政治工作的本质，可以从主体的角度研究和揭示军队政治工作作为党的工作的本质，从客体的角度研究和揭示军队政治工作作为党在军队中动员和组织官兵工作的本质，从目的的角度研究和揭示军队政治工作作为保证实现党对军队绝对领导和军队履行使命任务的本质，从途径的角度研究和揭示军队政治工作在内容形式、方法手段、制度机制等方面反映出来的本质。

军队政治工作学在研究军队政治工作特有现象与本质的基础上，进一步探索和揭示其规律。规律是事物矛盾运动内在的、本质的、必然的联系和趋势。"认识的真正任务在于经过感觉而到达于思维，到达于逐步了解客观事物的内部矛盾，了解它的规律性，了解这一过程和那一过程间的内部联系，即到达于论理的认识。"① 军队政治工作的规律，反映了军队政治工作在其发展变化过程中，各要素之间以及同相关的外在要素之间本质的、必然的联系。这种联系不断重复出现，并在一定的条件下持续起作用，决定着军队政治工作的现实状态和发展趋向。由于军队政治工作与党的领导之间的联系，是军队政治工作所有联系中最本质的联系，决定了军队政治工作学必须着重研究党在军队中动员和组织官兵为实现党的纲领路线、有效履行党赋予军队的使命任务而奋斗的活动及其规律。同时，还要深入研究军队政治工作在实践运行中形成的其他各种本质联系，揭示其活动的规律性。由于军队政治工作总是在一定的时代环境条件下进行的，是一个动态过程，应深入研究军队政治工作与时代发展变化相同步的规律；由于军队政治工作始终是围绕军队使命任务展开的，应深入研究军队政治工作与军队使命任务相适应的规律；由于军队政治工作主体与客体的矛盾运动贯穿于军队政治工作的各方面和全过程，应深入研究军队政治工作与工作

① 《毛泽东选集》第一卷，人民出版社1991年版，第286页。

对象实际相符合的规律，以及工作对象思想和行为发展变化的规律等。

军队政治工作的现象、本质和规律，三者是相互联系、有序递进的。军队政治工作学的根本目的，是揭示军队政治工作这一研究对象的本质和规律，而实现这个目的又必须从研究军队政治工作实践活动的种种现象入手；军队政治工作的本质和规律总是存在于政治工作现象及现象间的联系之中，而这些本质和规律又影响和支配着军队政治工作的实践活动，并通过现象表现出来。深刻把握研究对象各要素之间的内在联系，有助于科学全面地认识与处理军队政治工作理论指导和实践活动的关系，推动在实践基础上的理论创新与在理论指导下的实践发展有机统一。

（二）军队政治工作学的研究领域

研究领域是研究对象的具体化，是对本学科研究范围的基本界定。军队政治工作学是具有特定研究领域的综合性学科，主要涉及以下四个部分。

一是研究军队政治工作的历史、现实和未来发展趋势。对任何一种社会实践活动的研究，都应当从研究这门实践活动的历史入手。军队政治工作学研究历史，主要是研究我军政治工作萌芽、创立、形成和发展的历史过程，我军政治工作发展各个阶段的历史，各战区、各军兵种以及武警部队、民兵政治工作史；研究现实，就是研究正在进行的军队政治工作及其重大理论和现实问题，研究新时代我军政治工作面临的新情况新问题，总结新经验，揭示新特点，概括新理论；研究未来，就是研究军队政治工作未来发展趋势和在发展进程中可能遇到的重大矛盾问题，增强军队政治工作的前瞻性。军队政治工作学研究历史、现实和未来，三个方面是相辅相成的。其中，研究历史是基础，研究现实是中心，研究未来是导向。把三者联系和贯通起来研究，有助于深刻总结历史经验，有效解决现实问题，科学预见未来趋势，从而自觉把握和运用军队政治工作的发展规律，更好地开展军队政治工作。

二是研究军队政治工作的基本理论。一门学科是否成熟，主要看它是否形成了本学科的基本理论以及这一理论的科学化程度。军队政治工作的基本理论，是军队政治工作学的主要内容，是军队政治工作学知识体系的核心部分。它从总体上回答了军队政治工作的一系列基本问题，揭示了军队政治工作的一般规律。军队政治工作的基本理论研究主要包括：研究军队政治工作的理论指导，包括马克思主义经典作家关于军队政治工作的重要学说，毛泽东、邓小平、江泽民、胡锦涛关于军队政治工作的重要论述，习近平关于新时代军队政治工作的重要论述；研究军队政治工作的实质和特征、基本规律、原则遵循、地位作用、时代主题、基本任务、主要内容、组织制度、方式方法、组织实施、队伍建设、创新发展等。只有系统研究军队政治工作的基本理论，才能深刻揭示军队政治工作诸要素的特殊本质、内在联系及其运动规律，才能提高军队政治工作的质量水平。

三是研究军队政治工作的应用理论。军队政治工作的应用理论是军队政治工作基本理论在其各个具体实践领域的展开，有着广泛的研究范围和丰富的知识内容。按专业领域分，有军队宣传工作学、军队组织工作学、军队文化工作学、军事人力资源工作学、军队群众工作学、军队联络工作学、军队纪律检查和监察工作学、军队政法工作学等；按对象层次分，有军队政治机关工作学、军师旅团部队政治工作学、基层政治工作学等；按体制编制分，有战区政治工作学、军兵种政治工作学、武警部队政治工作学、民兵政治工作学等；按时空和任务分，有军事斗争政治工作准备、作战中政治工作、训练和非战争军事行动中政治工作学等。通过研究军队政治工作的应用理论，深入揭示军队政治工作各个实践领域的特殊规律，使军队政治工作的理论知识进一步系统化和专业化。

四是研究与军队政治工作相关的学科理论。军队政治工作学是一门综合性很强的社会科学。政治工作的对象是人，做人的工作涉及人的心理、行为、教育、管理和政治、社会关系等方面的相关知识。军队政治工作学除了研究自身的发展历史、基本原理、应用理论之外，还要吸收借鉴与军队政治工作密切相关的学科理论知识。根据军队政治工作实践的需要，要注重研究哲学和政治学、历史学、社会学、教育学、伦理学、心理学、人才学、管理学、领导科学、信息学、社会调查与统计学，以及法学、文学、美学、行为学、传播学等相关理论及其在军队政治工作中的运用。随着军队政治工作实践深化和学科建设的不断推进，这些相关学科理论越来越成为军队政治工作发展的重要理论借鉴和新兴知识来源。由军队政治工作学与相关学科知识交叉融合而形成的新兴学科，如军事心理学、军事人才学、军事社会学、军事法学、军事伦理学以及军队政治工作信息管理学等，已成为军队政治工作学科建设新的理论亮点。广泛研究和科学借鉴与军队政治工作相关的学科理论，有利于军队政治工作开阔视野、拓展内容和创新发展。

作为军队政治工作学教材，本书主要论述军队政治工作学的基本原理，同时对军队政治工作的历史和应用理论也作了必要的探讨和阐发。其中，绪论主要回答"军队政治工作学"作为一门学科"是什么"的问题，包括其研究对象、基本范畴和研究方法等。第一章至第五章分别阐述军队政治工作的理论指导和实践历程、实质和特征、地位作用、基本规律、原则，是军队政治工作基本原理的主体内容，是做好军队政治工作必须坚持的根本要求和指导原则。第六章至第十二章分别阐述军队政治工作的时代主题和基本任务、主要内容、军队备战打仗中政治工作、军队政治工作的组织领导制度、方法、组织实施和监督检查、政治机关和政治干部队伍建设，是军队政治工作基本理论的具体展开，是做好军队政治工作、把政治工作基本理论运用于军事实践必须了解和掌握的重要方面。第十三章主要阐述军队政治工作的创新发展，目的是认清新时代军队政治工作创新发展的必要性，把握创新发展的目标、原则和途径，与时俱进地推进军队政治工作。

二、军队政治工作学的基本范畴

所谓范畴，是指人的思维对客观事物一般本质和普遍联系的概括和反映，是各门学科最基本的概念。一般来说，只有当一门学科发展到一定阶段，才会逐渐形成科学、凝练的基本范畴。本教材从对我军政治工作长期实践和丰富经验的深刻总结中，从对军队政治工作本质联系和基本规律的深入研究中，提炼出军队政治工作学的七对基本范畴。它们是：政治与军事、政党与军队、军队与人民、精神与物质、主体与客体、思想工作与组织工作、平时与战时。这些基本范畴有的是军队政治工作学的特有范畴，有的虽然借用了其他学科的相关概念，但同时又赋予其军队政治工作学的特定含义，集中反映了军队政治工作学的本质特征，高度抽象了军队政治工作学的基本问题，是深刻理解军队政治工作学基本原理的基础。作为从实践总结、理论升华中抽象出来的认识成果，军队政治工作学的这些基本范畴，也必将随着实践和认识的发展而发展。

（一）政治与军事

这对基本范畴，深刻揭示了政治、军事的科学内涵及其相互关系。政治是以政权为核心的阶级利益和国家利益的集中体现，军事是为实现一定政治目标而展开的有关武装力量建设与运用的实践活动。政治与军事紧密相联，同属于上层建筑，二者之间是主从关系。政治决定军事，引领着军事；军事服从政治，服务于政治。毛泽东深刻指出，战争"本身就是政治性质的行动"，"是政治的特殊手段的继续"①。古田会议决议明确规定，"军事只是完成政治任务的工具之一"，"中国的红军是一个执行革命的政治任务的武装集团"②，鲜明提出要反对单纯军事观点。军队政治工作学把"政治与军事"相联结作为基本范畴，表明必须把军队建设和军事斗争领域的政治问题与军事问题紧密联系起来、有机统一起来，科学把握二者之间的本质联系、相互作用以及特殊的矛盾运动，不能孤立地研究政治或军事，更不能把它们对立起来、割裂开来。这对基本范畴，要求必须始终坚持政治建军原则，抓军队建设首先从政治上看，从思想上政治上建设和掌握军队，充分发挥政治工作的生命线作用，通过强有力的政治工作，确保军队建设和军事斗争服从服务于党和国家政治目标、政治大局，确保军队建设和军事斗争的正确政治方向。"政治与军事"这对基本范畴是军队政治工作学研究的逻辑起点，军队政治工作基本理论的许多内容都是这对基本范畴的展开和运用。

（二）政党与军队

这对基本范畴，深刻揭示了政党、军队的科学内涵及其相互关系。政党是近代政治发展的产物，是阶级利益的集中代表，是阶级的领导力量；军队起源于私有制和阶级，是维护和实现阶级利益的暴力工具，是国家机器的重要组成部分。政党产生之后就与军队紧密相联、不可分割。在政党政治条件下，军队总是置于政党的领导之下，是政党实现其政治目标的手段和工具。中国共产党是中国工人阶级的先锋队，同时是中国人民和中华民族的先锋队，是中国特色社会主义事业的领导核心，代表中国先进生产力的发展要求，代表中国先进文化的前进方向，代表中国最广大人民的根本利益。我军是中国共产党缔造和领导的新型人民军队，是实现党的政治目标、完成党的政治任务的武装集团。早在建军之初，我们党就确立了党对军队绝对领导的根本原则和制度，后来又明确提出了我们的原则是党指挥枪，而决不允许枪指挥党。在中国革命、建设和改革的伟大实践中，我军始终置于党的绝对领导之下，始终在党的旗帜下行动和战斗，这是我党我军特有的政治优势。军队政治工作学把"政党与军队"相联结作为基本范畴，表明政党和军队之间具有不可分割的内在联系，中国共产党是新型人民军队的缔造者和领导者，党对军队绝对领导是独立的、直接的、

① 《毛泽东选集》第二卷，人民出版社1991年版，第479页。
② 《毛泽东选集》第一卷，人民出版社1991年版，第86页。

全面的领导。坚持党对军队绝对领导是我军的建军之本、强军之魂。这对基本范畴，要求军队必须坚持党的领导的唯一性、彻底性、无条件性，完全地无条件地置于党的领导之下，始终以党的旗帜为旗帜、以党的方向为方向、以党的意志为意志，坚定不移地听党话、跟党走。要求军队政治工作必须把铸牢军魂作为核心任务，坚决贯彻执行党对军队绝对领导的一系列根本原则和制度，确保我军始终在党的绝对领导下行动和战斗。军队政治工作既要保证党的领导全面落实，其自身也必须置于党的领导之下。"政党与军队"这对基本范畴，体现了人民军队及其政治工作的政治属性，表明了我军的先进性源于党的先进性，实质上是"政治与军事"这对基本范畴的延伸和深化。

（三）军队与人民

这对基本范畴，深刻揭示了军队、人民的科学内涵及其相互关系。军队与人民的关系问题是关系到建设一支什么样的军队的根本问题，也是贯穿我军政治工作发展历程的重大问题。在以往所有的旧军队中，军队与人民的关系，主要表现为一种压迫和被压迫的关系。而中国共产党缔造和领导的新型人民军队是人民子弟兵，与人民群众鱼水相依、血肉相联。1945 年 4 月，毛泽东在《论联合政府》中指出，这个军队之所以有力量，就是因为"他们不是为着少数人的或狭隘集团的私利，而是为着广大人民群众的利益，为着全民族的利益，而结合，而战斗的。紧紧地和中国人民站在一起，全心全意地为中国人民服务，就是这个军队的唯一的宗旨"①。习近平指出："我们的军队是人民军队，我们的国防是全民国防。"② 江山就是人民，人民就是江山。我军历来把全心全意为人民服务作为唯一宗旨，把一切从人民利益出发作为全部行为的根本准则，同人民群众血肉相联、患难与共，忠实捍卫人民利益，赢得了人民群众的衷心拥护和全力支持。军队政治工作学把"军队与人民"相联结作为基本范畴，表明人民军队必须坚持和践行全心全意为人民服务的根本宗旨，始终与人民群众同呼吸、共命运、心连心，坚决保卫人民和平劳动和生活，永远做人民利益的捍卫者；必须正确处理军政军民关系问题，发扬密切联系群众的优良作风，保持同人民群众水乳交融、生死与共的关系，依靠人民群众拥护和支持来打胜仗。这对基本范畴，要求军队政治工作要加强我军性质宗旨教育，引导官兵强化宗

① 《毛泽东选集》第三卷，人民出版社 1991 年版，第 1039 页。
② 《十九大以来重要文献选编》上，中央文献出版社 2019 年版，第 38 页。

旨意识；努力做好新时代军队群众工作，巩固发展坚如磐石的军政军民团结；研究探索新时代人民战争特点规律，紧紧依靠人民群众加强国防和军队建设，赢得战争胜利；严格遵守群众纪律，维护群众利益；组织官兵积极参加国家现代化建设和抢险救灾，以实际行动为人民群众造福兴利。"军队与人民"这对基本范畴的确立，指明了人民军队及其政治工作的根本价值取向。

（四）精神与物质

这对基本范畴，深刻揭示了精神、物质的科学内涵及其相互关系。"物质"是标志客观实在的哲学范畴，"精神"与"物质"相对应，常被当作"思想""意识"的同义概念，指人的内心世界现象。物质的根本属性是独立于意识的客观实在性，能为人们的意识所反映，并能为人们的实践活动所改变和确证；物质决定精神，精神具有相对独立性和能动的反作用。《关于军队政治工作问题》的报告指出，"在一定物质基础之上，思想掌握一切，思想改变一切"①。这一论述，阐明了"精神与物质"这对基本范畴的精髓要义。我军政治工作就是以革命的进步的精神贯注部队、教育官兵，提高官兵思想觉悟和认识能力，使其自觉献身国防、履职尽责，从而为军队有效履行使命任务提供强大的精神力量。军队政治工作学把"精神与物质"相联结作为基本范畴，表明不能孤立地看待精神和物质的作用，必须全面理解和把握二者的本质联系，既要承认物质条件的基础性，又要充分发挥精神力量的能动性。这对基本范畴，要求军队政治工作必须始终坚持思想领先的原则，坚信思想政治工作的强大威力，用党的科学理论铸魂育人，强固官兵精神支柱、提升官兵精神境界；同时要关注官兵的切身利益和物质需求，始终把官兵冷暖放在心上，想方设法为他们排忧解难，尤其要通过调整优化政策制度使官兵有更多的使命感、荣誉感、获得感。由于精神与物质因素渗透在军队政治工作的所有领域，军队政治工作学研究的各个方面几乎都与这对基本范畴有关。"精神与物质"这对基本范畴的确立，使我军政治工作建立在辩证唯物主义的基本原理之上。

（五）主体与客体

这对基本范畴，深刻揭示了主体、客体的科学内涵及其相互关系。一般而言，军队政治工作主体是指军队中从事政治工作的各级党组织、政治机关和政治干部；客体是指我军官兵、地方群众以及与军事行动有关的其他军队人员

---

① 《建党以来重要文献选编（1921—1949）》第二十一册，中央文献出版社2011年版，第206页。

等，其中主要是我军官兵。军队政治工作的主体和客体具有兼容性、可变性和互动性。在军队政治工作过程中，各级党组织和政治机关、政治干部无疑是主体，但每个官兵无论职务高低，又都是独立自主、人格平等的"主体的人"，在一定条件下也可以成为政治工作主体；与之相对应，军队所有组织和人员都是军队政治工作的客体，都是需要接受教育管理监督的"客体的人"。从这个意义上讲，人人都是军队政治工作的主体，人人又都是军队政治工作的客体。主体与客体的关系深刻反映了人民军队官兵一致、官兵平等的本质特征，直接影响到政治工作运行方式和实际效果。军队政治工作学把"主体与客体"相联结作为基本范畴，表明必须正确认识与科学把握军队政治工作学主体与客体的辩证关系及其矛盾运动，努力使主体与客体良性互动、相互促进、融为一体，形成军队政治工作大家来做、相互去做、生动活泼、扎实有效的局面。这对基本范畴，要求我军政治工作必须坚持官兵一致的原则，充分发扬军队内部民主、坚持走群众路线，尊重官兵主体地位和首创精神；必须坚持教育者先受教育，注重加强对领导干部和政治干部的教育管理；必须大力倡导群众性自我教育，进一步丰富和深化新时代官教兵、兵教官、兵教兵的形式载体；必须积极借助各种资源，把部队、家庭、社会衔接起来，形成大政工格局。由于"主体与客体"是贯穿军队政治工作全过程的必备要素，这对基本范畴构成了军队政治工作学所有问题的重要支撑。

（六）思想工作与组织工作

这对基本范畴，深刻揭示了思想工作、组织工作的科学内涵及其相互关系。军队政治工作是中国共产党在军队中的思想工作和组织工作。我军政治工作中的思想工作，是指党在军队中进行科学理论武装、先进思想道德培育和精神激励，提高官兵思想政治觉悟和认识能力的实践活动。我军政治工作中的组织工作，是指党在军队中建立、依托各种组织形式和制度，对军队整体和官兵个体行为进行组织调节的实践活动。开展思想工作和组织工作的根本目的，是保证党从思想上政治上组织上牢牢掌握部队，为实现党对军队绝对领导和军队有效履行使命任务提供精神动力、组织保证和人才支撑。思想工作和组织工作之间具有紧密的内在联系，犹如车之两轮、鸟之两翼，相辅相成、缺一不可，共同为军队听党指挥、履行使命提供坚强的思想、政治和组织保证。军队政治工作学把"思想工作与组织工作"相联结作为基本范畴，表明思想工作和组织工作是开展军队政治工作的基本途径，军队政治工作主要是通过思想教育和组织建设来引导和规范官兵的思想和行为，使全军上下同心同德为实现党的目标而奋斗。这对基本范畴，要求我军政治工作必须坚持思想工作和组织工作两手抓，两手都要硬；必须研究和把握思想工作与组织工作这两种基本实践形态的特点规律，努力提高工作的科学性和实效性；必须注重把思想工作与组织工作紧密结合起来，使之相互贯通、相互渗透、相互协调，形成整体合力，发挥综合效能。思想工作与组织工作贯穿于军队政治工作的全过程，这对基本范畴构成了军队政治工作学研究的本体内容。

（七）平时与战时

这对基本范畴，深刻揭示了平时、战时的科学内涵及其相互关系。平时和战时是依据军队政治工作的不同时空条件和环境特点来区分的。平时主要是指和平时期，战时主要是指战争时期。在这两个时期所开展的军队政治工作各有其鲜明特点，而且具有紧密的内在联系。平时政治工作是和平时期我军政治工作的常态，是战时政治工作的基础；战时政治工作是我军政治工作最为精彩的部分，是平时政治工作成效的集中展现。我军创建于烽火连天的战争年代，一切为了前线、一切为了作战胜利，是当时军队政治工作的基本特征。新中国成立后，我军逐渐从战争环境转入相对和平环境，军队政治工作在做好平时政治工作的基础上，着力教育引导官兵始终保持战斗精神和战备状态，经受住了和平时期建军治军的考验。新时代，我国国家安全环境严峻复杂，战争威胁现实存在，备战打仗始终是军队的主责主业，军队各项建设包括军队政治工作在内，都要立足平时、着眼战时，高标准做好各项准备。军队政治工作学把"平时与战时"相联结作为基本范畴，表明必须科学区分平时与战时的不同特点，深刻把握二者之间的联系与区别，努力做到平战结合，及时有序转换，确保军队能够随时随地有效履行使命任务。这对基本范畴，要求军队政治工作要始终坚持战斗力这个唯一的根本的标准，形成有利于提高战斗力的正确导向；扎实做好军事斗争政治工作准备，探索把握服务保证备战打仗的作用机理，推进军事斗争政治工作准备实战化；要做好作战、训练和非战争军事行动中政治工作，下大力激发和保持官兵的战斗精神，提高部队打赢现代战争和遂行非战争军事行动的能力。由于时空条件是进行军队建设、开展军队政治工作的外部环境，所以"平时与战时"这对基本范畴为军队政治工作学研究提供了重要的背景和前提，明确了军队政治工作的目标指向和工作重点。

三、学习研究军队政治工作学的意义和方法

明确学习研究军队政治工作学的重要意义，掌握学习研究军队政治工作学的科学方法，是学习研究军队政治工作学的前提条件和必然要求。

（一）学习研究军队政治工作学的重要意义

学习研究军队政治工作学的意义，一言以蔽之，就是提高军队政治工作的实践效果和理论水平。现代战争形态、我国安全环境、军事斗争态势、我军使命任务和组织形态、国防和军队现代化战略安排都发生了一系列新变化，学习研究军队政治工作学显得尤为重要。

全面贯彻落实新时代政治建军方略的需要。政治建军，是中国共产党把马克思主义特别是马克思主义中国化时代化成果自觉运用于军队建设的方略与实践，是我军的立军之本。党的十八大以来，习近平着眼实现党在新时代的强军目标，围绕新时代政治建军问题作出一系列重要论述，决策召开古田全军政治工作会议、中央军委党的建设会议、中央军委基层建设会议、中央军委人才工作会议、全军思想政治教育工作会议等，鲜明提出军队政治工作的时代主题，确立新时代政治建军方略，开启了党从思想上政治上建设军队的新征程，开辟了政治工作服务保证强军兴军的新境界，为加强新时代军队政治工作指明了正确方向，提供了根本遵循。政治建军方略是通过政治工作来实现的，政治工作是政治建军的基本途径。军队政治工作必须以高度的政治自觉，全面深入贯彻新时代政治建军方略，为强军兴军提供坚强的政治保证。要做好政治工作，首先必须深入学习研究军队政治工作学。把军队政治工作学学好研透了，才能深刻领会政治建军的重大意义，牢牢把握政治建军的科学内涵和本质要求，自觉把政治建军全面融入部队建设实践。

科学认识和自觉坚持政治工作生命线地位作用的需要。"政治工作永远是我军的生命线"这一论断，是对人民军队政治工作地位作用的形象比喻和生动概括，是人民军队建设发展客观规律的科学总结。在思想上科学认识政治工作生命线地位作用，在实践中自觉坚持政治工作生命线地位作用，对于始终不渝坚持党对军队的绝对领导，保持我军建设的正确方向，巩固和提高部队战斗力，有效履行军队使命任务，具有至关重要的意义。学习研究军队政治工作学，有助于从政治和战略的高度，更加深刻认识军队政治工作与新时代坚持党对军队的绝对领导和履行军队使命任务的关系，深刻认识坚持政治工作生命线地位作用的极端重要性，深刻认识军队政治工作服务强军兴军的新要求新途

径，更加自觉地发挥好军队政治工作生命线作用，更加有效地确保实现党对军队绝对领导和军队履行使命任务。

推进新时代军队政治工作创新发展的需要。军队政治工作是科学性很强的实践活动，必须有科学理论作指导。习近平指出："一个民族要走在时代前列，就一刻不能没有理论思维，一刻不能没有正确思想指引。"① 要创新发展军队政治工作，需要不断丰富完善军队政治工作学的理论体系。学习研究军队政治工作学，有助于加强军队政治工作理论建设，更好地为军队政治工作提供理论支撑。军队政治工作是具体的、历史的，是随着时代发展而不断与时俱进的。我军政治工作的历史就是一部改革创新史。新时代，军队政治工作面临的新情况新问题层出不穷，迫切需要从理论与实践、历史与现实的结合上进行深入研究，从中得出规律性认识。学习研究军队政治工作学，有助于把握时代发展给政治工作带来的机遇和挑战，更好地为军队政治工作创新发展提供科学依据；有助于自觉认识和掌握军队政治工作的特点规律，更好地为军队政治工作创新发展提供理论指导和原则方法。

提高军队政治干部开展政治工作能力水平的需要。军队政治工作是一门科学，也是一门艺术。只有系统深入地学习研究军队政治工作的发展历程、基本理论、应用理论和相关学科理论，才能真正掌握这门科学和艺术，强化政治工作者的专业素养，提高做好政治工作的本领。对于所有从事或有志于从事军队政治工作的人员而言，要想肩负起党和人民赋予的职责，不仅要有高度的党性修养和较高的理论政策水平，有强烈的事业心和责任感，有科学的态度和求实的精神，还要有科学的思维方式、系统的理论知识、必备的专业素养，能够深刻把握军队政治工作的本质和规律，扎实掌握军队政治工作的业务知识和基本方法。学习研究军队政治工作学，是做好新时代军队政治工作的必要前提，也是提高政治干部专业化水平的必要途径。学习研究军队政治工作学，有助于形成学习与实践的良性循环。以科学的理论为指导，以正在做的事情为中心，以实践提出的问题为牵引，在学习研究和破解难题中有所发现、有所创造，不断把学习研究引向深入，不断把实践水平推向新的高度。这样循环往复，才能更好提高政治干部理论水平和能力素质。

（二）学习研究军队政治工作学的主要方法

学习研究军队政治工作学，必须坚持以马克思列宁主义、毛泽东思想、邓

---

① 《习近平谈治国理政》第四卷，外文出版社 2022 年版，第 29 页。

小平理论、"三个代表"重要思想、科学发展观、习近平新时代中国特色社会主义思想为指导，牢牢把握学习研究的根本目的和正确方向。要注重把理论与实践、历史方法与逻辑方法、经典学习研究方法与现代技术手段结合起来，不断提高学习研究的针对性和有效性。

坚持理论与实践相结合。军队政治工作学本身就是理论与实践相结合的产物。学习研究军队政治工作学，首先要注重理论学习。要认真学习领会马克思主义及其中国化时代化成果，学习领会党的军事指导理论，学习领会毛泽东、邓小平、江泽民、胡锦涛关于军队政治工作的重要论述，学习领会习近平关于新时代军队政治工作的重要论述，努力掌握蕴含其中的世界观和方法论；学习军队政治工作的基本原理和专业知识，跟进掌握军队政治工作理论发展的最新成果；学习研究军队政治工作的历史文献，掌握军队政治工作的历史脉络和发展规律。通过这些方面的理论学习，来确保学习研究军队政治工作学的正确方向，提高学习研究的站位和层次。学习研究军队政治工作学，还要注重向实践学习。军队政治工作学来自实践，实践是军队政治工作学的源头活水。要坚持不唯上、不唯书、只唯实，主动深入部队、深入基层、深入官兵，搞好调查研究，通过亲身接触和实地了解，最大限度地占有丰富翔实的政治工作第一手材料。学习研究军队政治工作学，必须把向书本学习、向理论学习与向实践学习、向群众学习紧密结合起来，注重从实际出发，加强对军队政治工作实践经验的分析、归纳和总结，着力回答和解决军队政治工作面临的矛盾问题，把实践经验上升到理论高度，逐步形成对军队政治工作的理性认识。

坚持历史方法与逻辑方法相结合。军队政治工作的创立和发展，集中体现了历史与逻辑的有机统一。学习和研究军队政治工作学，必须把历史方法与逻辑方法有机结合起来。军队政治工作的产生和发展离不开具体的历史条件，对它的学习和研究要充分运用历史方法，全面把握其过去、现在和未来，从中得出规律性认识。运用历史方法，就是拓展历史视野，把军队政治工作放在一定的历史条件下进行学习研究，把军队政治工作学所涉及的每一个问题作为一个历史过程来学习研究，运用历史唯物主义的立场观点方法观察思考，得出正确结论。军队政治工作学作为一个理论体系，对它的学习研究必然离不开逻辑的方法。运用逻辑方法，就是把相互比较、分析综合、归纳演绎、抽象概括等逻辑手段，具体运用到军队政治工作学的学习研究中，更全面、深刻、准确地揭示和把握军队政治工作的本质和规律。学习研究军队政治工作学，要注重在研究政治工作历史的过程中进行逻辑抽象，提炼出规律性的认识；在对政治工作进行逻辑分析概括中，运用好鲜活的历史材料，把握好其发展的历史脉络和未来趋势。

坚持经典学习研究方法与现代技术手段相结合。长期以来，军队政治工作学的学习研究形成了一套行之有效的经典思路方法。主要是对军队政治工作文献进行深入研读，对军队政治工作历史进行系统梳理，对军队政治工作实践进行调查研究和理性升华等，新时代这些思路方法都应继续坚持好运用好，探索构建起新时代军队政治工作学科体系、学术体系、话语体系，使军队政治工作学进一步体系化、学理化。当今时代是信息时代，物理域、信息域、认知域相互交融，现代科学技术在军队政治工作领域得到空前广泛的运用，尤其是信息网络和人工智能技术的发展，为军队政治工作学习研究打开了新视野、提出了新课题，同时也提供了一系列新的方法手段。学习研究军队政治工作学，要树立和强化"理技融合"理念，重视运用现代科学技术手段，不断提高军队政治工作学习研究的质量和效益。

思考题：

1. 如何把握军队政治工作学的研究对象和研究领域？
2. 如何理解军队政治工作学的基本范畴？
3. 怎样学习研究军队政治工作学？

第一章　军队政治工作的理论指导和实践历程

军队政治工作是由中国共产党创建和领导的。建军以来，在马克思主义及其中国化时代化成果的指导下，军队政治工作不断创新发展，确保了党对军队绝对领导和军队有效履行职能使命。学习掌握军队政治工作的理论指导，了解感悟军队政治工作的实践历程，是学好军队政治工作学和做好军队政治工作的重要基础。

第一节　军队政治工作的理论指导

军队政治工作的理论指导，是指对军队政治工作具有指导作用的党的科学理论体系，包括马克思主义及其中国化时代化成果和党的军事指导理论。做好军队政治工作离不开这些科学理论的引领和指导。

一、马克思主义及其中国化时代化成果是军队政治工作的理论基础

马克思主义及其中国化时代化成果包括马克思列宁主义、毛泽东思想、邓小平理论、"三个代表"重要思想、科学发展观、习近平新时代中国特色社会主义思想。这些科学理论既是党和国家事业的科学指南，也是军队政治工作的理论指导。

（一）马克思主义及其中国化时代化成果是完整的科学体系

马克思列宁主义，是由马克思和恩格斯创立、经列宁丰富和发展了的科学理论，主要包括马克思主义哲学、马克思主义政治经济学和科学社会主义。马克思列宁主义是关于自然、社会和人类思维发展一般规律的学说，是关于社会主义必然代替资本主义、最终实现共产主义的学说，是关于无产阶级解放、全人类解放和每个人自由而全面发展的学说，指明了工人阶级和劳动人民实现解放的道路，为人们认识世界和改造世界提供了科学指南。

毛泽东思想是马克思列宁主义在中国的创造性运用和发展，是被实践证明了的关于中国革命和建设的正确的理论原则和经验总结，是马克思主义中国化的第一次历史性飞跃。毛泽东思想的活的灵魂是贯穿于各个组成部分的立场、

观点、方法，体现为实事求是、群众路线、独立自主三个基本方面，为党和人民事业发展提供了科学指引。

邓小平理论是马克思列宁主义的基本原理同当代中国实践和时代特征相结合的产物，阐明了在中国建设、巩固和发展社会主义的基本问题，是马克思主义在中国发展的新阶段。"三个代表"重要思想加深了对什么是社会主义、怎样建设社会主义和建设什么样的党、怎样建设党的认识，是加强和改进党的建设、推进我国社会主义自我完善和发展的强大理论武器。科学发展观是马克思主义关于发展的世界观和方法论的集中体现，深刻认识和回答了新形势下实现什么样的发展、怎样发展等重大问题。这些理论都是中国共产党集体智慧的结晶，是党必须长期坚持的指导思想。

习近平新时代中国特色社会主义思想是当代中国马克思主义、二十一世纪马克思主义，是中华文化和中国精神的时代精华，实现了马克思主义中国化时代化新的飞跃。这一思想继承和发展马克思列宁主义、毛泽东思想、邓小平理论、"三个代表"重要思想、科学发展观，科学回答了新时代坚持和发展什么样的中国特色社会主义、怎样坚持和发展中国特色社会主义等重大时代课题，以全新的视野深化了对共产党执政规律、社会主义建设规律、人类社会发展规律的认识，是马克思主义在当代中国发展的最新理论成果，开辟了马克思主义中国化时代化新境界。这一思想，把马克思主义基本原理同中国具体实际相结合、同中华优秀传统文化相结合，使马克思主义这个魂脉和中华优秀传统文化这个根脉内在贯通、相互成就，是中华民族的文化主体性最有力的体现，为建设中华民族现代文明、创造人类文明新形态提供了思想指引和精神动力。这一思想，为全面建成社会主义现代化强国、以中国式现代化全面推进中华民族伟大复兴提供了科学指引，为全党全军全国各族人民团结奋斗、勇毅前行创造新的历史伟业立起了精神旗帜，是新时代党和国家事业发展的根本遵循。

（二）马克思主义及其中国化时代化成果为军队政治工作奠定坚实的理论基础

马克思主义及其中国化时代化成果博大精深，内涵丰富，为党和人民事业提供了科学指南，也为军队政治工作提供了科学的世界观和方法论，奠定了坚实的理论基础。

关于物质与意识、社会存在与社会意识关系的原理。马克思主义认为，物质决定意识，社会存在决定社会意识；意识、社会意识具有相对的独立性和能动的反作用。先进的社会意识反映了社会发展的客观规律，对社会发展起着积极促进作用；落后、错误的社会意识则对社会发展起着消极、阻碍作用。马克思指出："理论一经掌握群众，也会变成物质力量。"① 习近平指出："辩证唯物主义虽然强调世界的统一性在于它的物质性，但并不否认意识对物质的反作用，而是认为这种反作用有时是十分巨大的。我们党强调理想信念是共产党人精神上的'钙'，强调'革命理想高于天'，就是精神变物质、物质变精神的辩证法。"② 这一原理深刻揭示了社会存在对社会意识的决定性作用以及社会意识对社会存在的巨大影响，为军队政治工作坚持实事求是、一切从实际出发、理论联系实际，掌握思想教育这个"中心环节"，坚持用科学理论武装官兵、引领官兵，充分发挥思想工作的强大威力，奠定了深厚的理论基础。

关于辩证唯物主义认识论的原理。马克思主义认为，实践是认识的来源、动力、目的和检验标准。人的认识是对客观事物的能动反映，主观与客观的统一是辩证唯物主义认识论的基本观点，必须坚持改造主观世界和客观世界相统一。物质世界是普遍联系、永恒发展的，其中的规律是可以认识掌握的，事物内部的矛盾是其发展的源泉和动力，面对复杂的矛盾必须具体情况具体分析，善于抓住主要矛盾和矛盾的主要方面。实践是检验认识真理性的唯一标准。这一原理深刻揭示了人类认识的客观规律，揭示了实践在认识过程中的突出地位和独特作用，为军队政治工作遵循认识规律，坚持实践观点，坚持理论指导和实践探索辩证统一，实现理论创新和实践创新良性互动提供了强大的思想武器。

关于社会基本矛盾和社会发展规律的原理。马克思主义认为，生产力和生产关系、经济基础和上层建筑的矛盾是社会基本矛盾。生产力是全部社会生活的物质前提，是推动社会进步最活跃、最革命的因素。马克思指出，资本主义生产关系与生产力的矛盾是不可调和的，资产阶级的灭亡和无产阶级的胜利是不可避免的。习近平指出，马克思主义"揭示了资本主义生产社会化和生产资料私人占有之间的内在矛盾；揭示了资本主义必然灭亡和共产主义必然胜利的历史规律"。"《共产党宣言》确立了马克思主义政党的最高目标是实现共产主义"。③ 这一原理揭示了人类社会发展的客观趋势，指明了实现共产主义的历史必然性，确立了党的最高理想和最终目标，为军队政治工作开展理想信念教

---

① 《马克思恩格斯选集》第一卷，人民出版社 2012 年版，第 9 页。
② 习近平：《论党的宣传思想工作》，中央文献出版社 2020 年版，第 127 页。
③ 习近平：《论党的宣传思想工作》，中央文献出版社 2020 年版，第 307、309 页。

育，引导官兵树牢共产主义远大理想和中国特色社会主义共同理想，坚定献身强国强军事业的人生追求提供了根本理论指导。

关于人的本质与人的全面发展的原理。马克思主义认为，人的本质是一切社会关系的总和；人的发展是指人的自由而全面的发展，实现人的自由而全面的发展是社会发展的必然要求。习近平指出，"人，本质上就是文化的人，而不是'物化'的人；是能动的、全面的人，而不是僵化的、'单向度'的人"①，"必须把增进人民福祉、促进人的全面发展作为一切工作的出发点和落脚点"②。这一原理深刻揭示了人的本质，阐明了人的全面发展的重要性及其实现途径，为军队政治工作科学认识官兵思想形成的物质原因、社会根源及其发展变化规律，着眼于人、着力于人，自觉主动做好官兵的工作，积极促进官兵全面发展提供了根本理论指导。

关于人民群众历史地位和历史作用的原理。马克思主义认为，历史活动是群众的活动，决定历史发展的是行动着的群众。人民群众是社会物质财富和精神财富的创造者，是实现社会变革的决定性力量，是推动历史前进的真正动力，是真正的英雄。习近平指出，人民性是马克思主义的本质属性，必须坚持人民至上，始终把人民放在心中最高位置，站稳人民立场、把握人民愿望、尊重人民创造、集中人民智慧。这一原理深刻揭示了人民群众在推动历史发展中的主体地位和重要作用，阐明了一切为了群众、一切依靠群众的根本立场，为军队政治工作始终坚持全心全意为人民服务的根本宗旨，坚持群众观点和群众路线，尊重官兵的主体地位和首创精神，激发广大官兵投身新时代强军兴军事业的使命感责任感提供了根本遵循。

关于阶级、政党、国家、军队相互关系的原理。马克思主义认为，群众是划分为阶级的，阶级是由政党来领导的，国家是阶级统治的工具，军队是维护阶级利益的武装集团，是国家机器的重要组成部分。中国共产党是中国特色社会主义事业的领导核心。我国是工人阶级领导的、以工农联盟为基础的人民民主专政国家，我军是人民民主专政的坚强柱石。习近平指出："党政军民学，东西南北中，党是领导一切的。"③ 这一原理深刻揭示了阶级、政党、国家、军队的内在联系，指明了无产阶级政党对人民军队必然的、不可动摇的领导地

---

① 习近平：《之江新语》，浙江人民出版社 2007 年版，第 150 页。
② 《习近平关于社会主义社会建设论述摘编》，中央文献出版社 2017 年版，第 16 页。
③ 《习近平谈治国理政》第三卷，外文出版社 2020 年版，第 16 页。

位，为军队政治工作毫不动摇坚持党对军队绝对领导，教育引导官兵永远听党话、跟党走，始终忠于党、忠于社会主义、忠于祖国、忠于人民，忠实履行党和人民赋予的使命任务提供了科学指南。

关于人民军队和人民战争的原理。马克思主义认为，革命军队是为广大人民包括"为自己的切身利益而战"① 的军队。兵民是胜利之本，人民军队是为人民利益而战斗的，要赢得战争胜利，必须一切为了人民、紧紧依靠人民，进行人民战争。习近平指出，"军队打胜仗，人民是靠山。人民军队的根脉，深扎在人民的深厚大地；人民战争的伟力，来源于人民的伟大力量"②。这一原理深刻揭示了人民军队性质宗旨和克敌制胜的特有政治优势，为军队政治工作坚持人民军队的性质，巩固发展新时代军政军民团结，巩固提高一体化国家战略体系和能力，充分发挥人民战争整体威力奠定了理论基础。

二、党的军事指导理论是军队政治工作的直接理论依据

党的军事指导理论是马克思主义及其中国化时代化成果的重要构成，是中国共产党指导战争和军事斗争准备、军事力量建设和运用取得的理论成果。中国共产党把马克思主义基本原理同中国革命战争和人民军队建设实践相结合，形成了毛泽东军事思想、邓小平新时期军队建设思想、江泽民国防和军队建设思想、胡锦涛国防和军队建设思想、习近平强军思想等重大理论成果，其中包含着十分丰富的关于军队政治工作的重要论述和理论原则。这些理论成果回答和解决了不同历史条件下我军建设发展的历史课题，极大丰富了马克思主义军事理论宝库，为军队政治工作提供了直接理论依据。

（一）毛泽东军事思想对军队政治工作的指导作用

毛泽东军事思想，主要回答了在中国处于半殖民地半封建社会的历史条件下，如何建设一支无产阶级新型人民军队和夺取武装斗争胜利，以及在取得全国政权后如何建立现代国防的问题。毛泽东鲜明提出"我们的原则是党指挥枪，而决不容许枪指挥党"③ 的根本原则，规定把支部建在连上，创建了由党的委员会制度、政治委员制度、政治机关制度构成的军队政治工作根本组织制

---

① 《马克思恩格斯文集》第九卷，人民出版社 2009 年版，第 175 页。
② 《习近平谈治国理政》第二卷，外文出版社 2017 年版，第 418 页。
③ 《毛泽东选集》第二卷，人民出版社 1991 年版，第 547 页。

度；规定了"紧紧地和中国人民站在一起，全心全意地为中国人民服务"①的建军宗旨；强调政治工作是我军的生命线，思想教育是进行伟大政治斗争的中心环节，要用进步的政治精神贯注于军队，激发官兵革命热忱；明确我军要担负"战斗队、工作队、生产队"三大任务，整个军队的方向就是政治工作的方向，政治工作的任务只能根据我军的基本任务与当前具体任务去规定；提出"团结自己，战胜敌人"的军队政治工作总方针，规定了"三大纪律、八项注意"，实行官兵一致、军民一致、瓦解敌军的三大原则，发扬政治、经济、军事三大民主；强调"政治路线确定之后，干部就是决定的因素"②；要发扬艰苦奋斗、密切联系群众的作风；等等。毛泽东军事思想继承、丰富和发展了马克思列宁主义军事理论。毛泽东军事思想特别是关于军队政治工作的重要论述，系统阐明了军队政治工作的本质特征、地位作用、方针原则、任务内容、作风方法等，为我军政治工作的创立发展奠定了理论基石。

（二）邓小平新时期军队建设思想对军队政治工作的指导作用

邓小平新时期军队建设思想，主要回答了在和平与发展成为时代主题，国家实行改革开放的历史条件下，如何开创中国特色精兵之路，建设一支强大的现代化正规化革命军队的问题。邓小平强调，军队要始终不渝地坚持党的军队、人民的军队、社会主义国家的军队的性质；要求恢复和发扬我党我军优良传统，保持老红军本色，弘扬"五种革命精神"③；提出军队和国防建设指导思想实行战略性转变，把教育训练提高到战略地位；强调军队要服从和服务于整个国家建设大局；强调政治工作要发挥好"两个服务、四个保证"④作用；提出按照革命化、年轻化、知识化、专业化方针选拔接班人，培养有理想、有道德、有文化、有纪律的革命军人；强调物质文明和精神文明"两手都要抓，两手都要硬"；等等。邓小平新时期军队建设思想是对毛泽东军事思想的继承、

---

① 《毛泽东选集》第三卷，人民出版社1991年版，第1039页。
② 《毛泽东选集》第二卷，人民出版社1991年版，第526页。
③ "五种革命精神"，指革命和拼命精神，严守纪律和自我牺牲精神，大公无私和先人后己精神，压倒一切敌人、压倒一切困难的精神，坚持革命乐观主义、排除万难去争取胜利的精神。
④ "两个服务、四个保证"，指服务于国家的社会主义现代化建设，服务于军队的现代化建设，从政治上、思想上、组织上保证党对军队的绝对领导和人民军队的性质，保证军队的社会主义精神文明建设，保证军队内部的团结和军政军民团结，保证军队战斗力的提高和各项任务的完成。

丰富和发展。邓小平新时期军队建设思想特别是关于军队政治工作的重要论述，指明了新时期军队政治工作的正确方向。

（三）江泽民国防和军队建设思想对军队政治工作的指导作用

江泽民国防和军队建设思想，主要回答了在世界新军事变革蓬勃进行，我国社会主义市场经济深入发展的历史条件下，如何积极推进中国特色军事变革，保证人民军队打得赢、不变质的问题。江泽民提出，要按照"政治合格、军事过硬、作风优良、纪律严明、保障有力"① 的总要求全面加强军队建设；强调"必须高度重视军队的思想政治建设，必须把它摆在全军各项建设的首位"②；提出新时期军队思想政治建设的使命，是为打赢未来高技术战争提供强大的精神动力，为保持人民军队的性质、本色和作风提供可靠的政治保证；强调党对军队绝对领导是我军永远不变的军魂，必须坚决抵制"军队非党化、非政治化"和"军队国家化"等错误政治观点，保证枪杆子永远掌握在忠于党的可靠的人手里；提出要把正确的思想理论武装和现代科技知识特别是高科技知识武装结合起来，培养和造就大批高素质的新型军事人才；要求深入开展爱国奉献、革命人生观、尊干爱兵和艰苦奋斗教育，增强思想政治建设的时代感和针对性、实效性、主动性；强调坚持依法治军方针，把思想政治建设同法规制度建设结合起来；等等。江泽民国防和军队建设思想，是对毛泽东军事思想、邓小平新时期军队建设思想的继承、丰富和发展。江泽民国防和军队建设思想特别是关于军队政治工作的重要论述，指导军队政治工作实现了新的发展。

（四）胡锦涛国防和军队建设思想对军队政治工作的指导作用

胡锦涛国防和军队建设思想，主要回答了在世界大发展大变革大调整、我国全面建设小康社会的历史条件下，如何推进国防和军队建设科学发展、全面履行新世纪新阶段军队历史使命的问题。胡锦涛提出，要把科学发展观作为国防和军队建设的重要指导方针，贯彻到国防和军队建设各领域和全过程；要正确把握和着力解决军队思想政治建设"三个确保"③ 的时代课题，始终坚持党对军队绝对领导的根本原则和人民军队的根本宗旨；要大力培育当代革命军人核心价值观，弘扬听党指挥、服务人民、英勇善战的优良传统，发展先进军事

---

① 《江泽民文选》第一卷，人民出版社 2006 年版，第 140 页。
② 《十四大以来重要文献选编》中，人民出版社 1997 年版，第 1124 页。
③ "三个确保"，指从思想上、政治上、组织上确保我军始终成为党绝对领导下的人民军队，确保国防和军队建设科学发展，确保有效履行新世纪新阶段我军历史使命。

文化；提出要贯彻以人为本的建军治军理念，坚决维护人民群众的根本利益，尊重官兵的主体地位，发挥官兵创造精神，把推动部队建设与促进官兵全面发展统一起来；要以能力建设和先进性建设为主线全面推进军队党的建设，提高党的建设科学化水平；要坚持紧贴时代发展、紧贴使命任务、紧贴官兵实际改进创新思想政治工作，增强思想政治建设的科学性；等等。胡锦涛国防和军队建设思想是对毛泽东军事思想、邓小平新时期军队建设思想、江泽民国防和军队建设思想的继承、丰富和发展。胡锦涛国防和军队建设思想特别是关于军队政治工作的重要论述，为新世纪新阶段军队政治工作提供了根本遵循。

（五）习近平强军思想对军队政治工作的指导作用

习近平强军思想是习近平新时代中国特色社会主义思想的重要组成部分，是我们党不懈探索中国特色强军之路形成的宝贵思想结晶，是加快国防和军队现代化、全面建设世界一流军队的根本遵循和行动纲领。这一思想准确把握强国对强军的战略需求，创造性回答了新时代建设一支什么样的强大人民军队、怎样建设强大人民军队的时代课题，实现了马克思主义军事理论中国化时代化的新飞跃。习近平强军思想是一个内涵丰富、思想深邃、与时俱进的科学军事理论体系，深刻回答了强军兴军的根本保证、时代要求、奋斗目标、根本指向、战略布局、必由之路、强大引擎、根本大计、法治保障、重要依托、特有优势等重大问题，以体系性创新、创造性升华丰富发展了党的军事指导理论。习近平强军思想蕴含着当代中国马克思主义军事观和方法论，主要体现为：坚持政治引领，坚持以武止戈，坚持积极进取，坚持统筹兼顾，坚持敢打必胜。习近平鲜明提出，政治建军是我军的立军之本，抓军队建设首先要从政治上看；强调党对人民军队的绝对领导是人民军队建军之本、强军之魂，贯彻党领导军队的一系列根本原则和制度，全面深入贯彻军委主席负责制；提出军队政治工作时代主题，要求紧紧围绕实现中华民族伟大复兴的中国梦，为实现党在新时代的强军目标提供坚强政治保证；强调我军政治工作只能加强不能削弱，只能前进不能停滞，只能积极作为不能被动应对，必须充分发挥政治工作对强军兴军的生命线作用，把理想信念、党性原则、战斗力标准、政治工作威信四个带根本性的东西立起来；强调铸牢军魂是军队政治工作的核心任务，坚持用党的创新理论铸魂育人，培养"四有"① 新时代革命军人、锻造

---

① "四有"，指有灵魂、有本事、有血性、有品德。

"四铁"① 过硬部队；强调着力抓好党的政治建设，增强各级党组织的领导力、组织力、执行力，把党的政治优势和组织优势转化为制胜优势；强调按照军队好干部标准选人用人，锻造德才兼备的高素质、专业化新型军事人才，确保枪杆子永远掌握在忠诚于党的可靠的人手中；强调推动军队政治工作创新发展，提高信息化、法治化、科学化水平；强调坚持全面从严治党、全面从严治军，全面锻造过硬基层，持续深化政治整训，坚定不移正风肃纪反腐，大力弘扬我党我军光荣传统和优良作风，永葆人民军队性质、宗旨、本色；等等。习近平强军思想，是对毛泽东军事思想、邓小平新时期军队建设思想、江泽民国防和军队建设思想、胡锦涛国防和军队建设思想的继承、丰富和发展，是党的军事指导理论创新发展的最新成果，对发展马克思主义军事理论作出原创性贡献。习近平强军思想特别是关于新时代军队政治工作的重要论述，是加强党对军队政治工作的领导、推动新时代政治建军方略全面落实的科学指南。

第二节　军队政治工作的实践历程

我军政治工作萌芽于大革命时期，创立于建军之初，奠基于古田会议，在长期革命、建设、改革实践中不断丰富和发展，创造了辉煌业绩，积累了宝贵经验。

一、新民主主义革命时期的军队政治工作

新民主主义革命时期，是我军政治工作从萌芽、创立到成熟、发展的时期。这一时期，我军政治工作在革命战争中艰辛探索、全面实践、不断丰富，为夺取革命战争胜利、完成各项任务和推动军队建设发展提供了根本保证。

我军政治工作的萌芽，可追溯到建党之初和大革命时期。这一时期，我们党在黄埔军校、国民革命军和国民军探索开展了革命的政治工作，通过设立党代表、政治部，开展政治教育和革命宣传活动，开展群众工作、支援工农革命斗争，分化敌军、宽待俘虏等，不仅对保证北伐战争胜利发挥了重要作用，而

① "四铁"，指铁一般信仰、铁一般信念、铁一般纪律、铁一般担当。

且为后来我军政治工作的创立积累了经验、培养了人才。毛泽东指出："那时军队设立了党代表和政治部，这种制度是中国历史上没有的，靠了这种制度使军队一新其面目。一九二七年以后的红军以至今日的八路军，是继承了这种制度而加以发展的。"①

（一）土地革命战争中我军政治工作

这一时期，我军政治工作主要是遵照土地革命和武装反抗国民党反动派的总方针以及创建发展工农革命力量而创立和开展的，是我军政治工作的奠基阶段。

南昌起义创立了我军政治工作。党在起义军中建立了组织，积极开展宣传教育工作，规定军政纪律，设立总指挥部政治保卫处，适时对起义部队进行整顿整训，较好地保证了党对起义部队的领导。1927 年 9 月底，毛泽东领导湘赣边界秋收起义部队在江西永新三湾村进行改编，调整组织、缩编部队，创造性地把支部建在连上，第一次实行班、排建立党小组，连队建立党支部，营、团建立党委；在连以上建立各级士兵委员会，在部队内部实行民主。三湾改编从组织上确立了党对军队的领导，是把工农革命军建设成为无产阶级领导的新型人民军队的重要开端。三湾改编后，毛泽东率工农革命军抵达井冈山地区，开始了创建第一个农村革命根据地的艰苦斗争。这一时期，毛泽东规定工农红军打仗消灭敌人、打土豪筹款子、做群众工作"三大任务"，规定对俘虏不打、不骂、不杀、不虐待，不搜腰包，去留自愿，对俘虏伤病兵给予治疗，规定部队必须执行"三项纪律、六项注意"②，后发展为"三大纪律、八项注意"。井冈山斗争中政治工作经验做法，经党中央推广后对其他各地红军的建设也产生了积极影响。

古田会议奠定我军政治工作基础。古田是我们党确立思想建党、政治建军原则的地方，是我军政治工作奠基的地方，是新型人民军队定型的地方。1929年 12 月 28 日至 29 日，根据中央"九月来信"精神，红四军召开第九次党代表大会，纠正和肃清各种非无产阶级思想，形成了我党我军历史上著名的古田会议决议。古田会议确立了马克思主义建党建军原则，确立了我军政治工作的方针、原则、制度，提出了解决把以农民为主要成分的军队建设成为无产阶级性质的新型人民军队这个根本性问题的原则方向。古田会议使我们这支军队实现

---

① 《毛泽东选集》第二卷，人民出版社 1991 年版，第 380 页。

② "三项纪律"：行动听指挥；不拿工人农民一点东西；打土豪要归公。"六项注意"：上门板；捆铺草；说话和气；买卖公平；借东西要还；损坏东西要赔。

了浴火重生、凤凰涅槃。从那以后，在党领导下，我军由小到大、由弱到强，不断从胜利走向胜利。古田会议奠基的我军政治工作对我军生存发展起到了决定性作用。

1930年10月，中共中央制定和颁发了《中国工农红军政治工作暂行条例草案》，这是我军历史上第一部政治工作条例。1931年2月，总政治部成立，指导全国各地红军的政治工作。受王明"左"倾教条主义错误的影响，1931年11月以后，红军中取消了党委制和士兵委员会，给我军政治工作造成很大损害，使党和红军受到严重损失。1934年2月，在江西瑞金召开了中国工农红军第一次全国政治工作会议。这是我军历史上第一次带全军性的政治工作会议。1935年1月，中央政治局在长征途中举行的遵义会议，事实上确立了毛泽东同志在党中央和红军的领导地位，开始确立以毛泽东同志为主要代表的马克思主义正确路线在党中央的领导地位，为军队政治工作重新走上正轨创造和提供了条件。红军长征中的政治工作写下了我军政治工作史上精彩的一页。

（二）全民族抗日战争中我军政治工作

这一时期，我军政治工作坚决贯彻党的路线方针政策，发扬红军时期的优良传统，积极适应新的形势，解决新的问题，取得新的经验，有力保证了人民军队的发展壮大和各项任务的完成，这是我军政治工作全面发展和达到成熟的阶段。

在统一战线条件下坚持并加强党对军队的绝对领导。1937年8月，红军主力改编为八路军。10月，南方八省红军游击队改编为新四军。针对以王明为代表的"一切经过统一战线""一切服从统一战线"的右倾错误观点，以接受国民党委任做官为荣的现象，以及张国焘分裂主义的教训和新军阀主义倾向，我们党明确"共产党绝对独立领导之保持，是完全必要的"[①]，毛泽东强调"我们的原则是党指挥枪，而决不容许枪指挥党"[②]。我们党坚决拒绝国民党派人当八路军干部的要求，恢复因国民党干扰而取消的政治委员和政治机关制度，保证了党对八路军、新四军和其他革命武装的绝对领导。

广泛开展政治教育和学习活动。全民族抗日战争期间，全军普遍加强干部、战士的政治教育，对统一全军官兵思想行动，提高对敌作战的勇气和牺牲精神发挥了重要作用。1942年2月，全党全军普遍展开以反对主观主义、

---

① 《建党以来重要文献选编（1921—1949）》第十四册，中央文献出版社2011年版，第529页。
② 《毛泽东选集》第二卷，人民出版社1991年版，第547页。

宗派主义和党八股为主要内容的整风运动，实现了党的空前统一和团结。1945 年 4 月，毛泽东提出："掌握思想教育，是团结全党进行伟大政治斗争的中心环节。"① 我军大力加强报刊宣传工作，广大文艺工作者认真贯彻毛泽东在延安文艺座谈会上的讲话精神，开赴前线、挺进敌后，面向连队、深入生活，在鼓舞士气、激励民心上作出了独特贡献。

大力选拔培养干部、创办军事院校。在党的六届六中全会上，毛泽东提出"政治路线确定之后，干部就是决定的因素"的著名论断。1939 年 6 月，总政治部发出《关于大量吸收知识分子和培养新干部问题的训令》。我党我军建立了以抗日军政大学为代表的一大批各类军政干部学校。抗大始终坚持"坚定正确的政治方向、艰苦朴素的工作作风、灵活机动的战略战术"的教育方针和弘扬"团结、紧张、严肃、活泼"的校风，先后培养了近 20 万名干部，为我军发展壮大和赢得抗日战争最终胜利提供了坚强人才支撑。

做好维护部队纯洁巩固工作。这一时期，我军建立了比较完善的军队保卫、检察、审判体制编制和规章制度。面对严峻复杂的斗争形势，我军锄奸保卫工作沉重打击了日探、汉奸、特务和土匪等反动势力，八路军、新四军将红军时期的军事裁判所和军事检察所改为军法处，揭露敌人破坏抗战的阴谋，保障内部纯洁巩固，保卫抗日民主政权。陕甘宁边区高等法院审判黄克功、肖玉璧等案件，立起了人民军队军法从严的标尺。

概括提出政治工作三大原则。1937 年 10 月，毛泽东提出："八路军的政治工作的基本原则有三个，即：第一、官兵一致的原则，这就是在军队中肃清封建主义，废除打骂制度，建立自觉纪律，实行同甘共苦的生活，因此全军是团结一致的。第二、军民一致的原则，这就是秋毫无犯的民众纪律，宣传、组织和武装民众，减轻民众的经济负担，打击危害军民的汉奸卖国贼，因此军民团结一致，到处得到人民的欢迎。第三、瓦解敌军和宽待俘虏的原则。我们的胜利不但是依靠我军的作战，而且依靠敌军的瓦解。"② 从 1943 年起全军普遍开展了拥政爱民运动，1944 年起全军广泛开展了尊干爱兵运动。三大原则的成功贯彻，有效团结了一切可以团结的力量，为夺取抗日战争的全面胜利发挥了积极作用。

---

① 《毛泽东选集》第三卷，人民出版社 1991 年版，第 1094 页。
② 《毛泽东选集》第二卷，人民出版社 1991 年版，第 379 页。

《关于军队政治工作问题》的报告标志着我军政治工作成熟。1944 年 4 月，受中共中央、毛泽东委托，谭政在西北局高级干部会议上作了《关于军队政治工作问题》的报告。报告继承了古田会议决议精神，从理论和实践的结合上阐明了军队政治工作的一系列重大理论和原则问题，是我军政治工作理论走向成熟的主要标志，是继古田会议决议之后我军政治工作的又一历史性文献。

（三）解放战争中我军政治工作

这一时期，我军政治工作围绕夺取新民主主义革命的全国性胜利，正确地解决了许多新问题，创造了许多新经验，丰富发展了已有的理论原则，为赢得解放战争的全面胜利作出了巨大贡献，这是我军政治工作丰富发展的阶段。

恢复和健全党委制。1945 年 5 月，党的七大决定按照古田会议决议的原则，恢复军队中各级党的委员会。1947 年 2 月，党中央发出《关于在军队中组织党委会的指示》。7 月，总政治部颁布我军第一个党委会条例《中国人民解放军党委员会条例草案（初稿）》，军队各级党委先后在全军营以上单位恢复起来。1948 年 9 月，毛泽东为中央起草《关于健全党委制》的决定，规定一切重要问题均须交委员会讨论，由到会委员充分发表意见，做出明确决定，然后分别执行。1949 年 3 月，毛泽东发表《党委会的工作方法》，对进一步加强和健全党的集体领导起到了重要指导作用。

开展团结互助、立功和新式整军三大运动。1946 年底，全军普遍开展了"王克勤运动"，即团结互助运动，主要形式是：建立互助小组，互帮互学，互相督促，共同提高。在全军普遍开展的立功运动中，逐步形成一套报功、评功、奖功、庆功和树立英模、学习英模的制度和方法。1947 年冬至 1948 年夏，全军先后开展以"诉苦"和"三查"为主要内容的新式整军运动，广泛发动官兵诉旧社会和反动派给予劳动人民之苦，查阶级、查工作、查斗志。三大运动是一场群众性的自我教育运动，对发扬革命英雄主义和集体主义精神，启发阶级觉悟，加强团结友爱、互助合作，赢得解放战争胜利，发挥了极为重要的作用。

提出并发展了三大民主。1948 年 1 月，毛泽东首次概括政治、经济、军事三大民主，明确要达到政治上高度团结、生活上获得改善、军事上提高技术和战术。2 月，中央军委总政治部发出《关于在部队中建立士兵委员会的通知》，恢复了 1932 年被取消的士兵委员会。1949 年 12 月，总政治部正式制定并下发了《中国人民解放军革命军人委员会条例（草案）》，把士兵委员会改名为革命军人委员会。至此，我军基层民主生活有了一个比较稳定的组织形式，走上了经常化、制度化轨道。

组织部队担负工作队任务。1949年2月，毛泽东发出了"把军队变为工作队"的号召，指出人民解放军永远是一个战斗队，同时又是一个工作队，而且在一定条件下要主要地担负工作队的任务。根据斗争需要，一些部队深入城镇、乡村发动群众，进行土改、建党、建政，丰富和发展了群众工作的内容。

开展大规模瓦解敌军活动。结合军事打击对敌开展强有力的阵前政治攻势，推动国民党官兵罢战、怠战、反战。开展"高树勋运动"，创造了解决敌人的天津方式、北平方式和绥远方式，争取敌军高级将领起义，取得很大成功。三大战役中，先后争取曾泽生率部起义、郑洞国率部投诚，长春获得解放；何基沣、张克侠和廖运周率部起义，加速淮海战役进程；傅作义率领20余万人接受和平改编，北平获得和平解放等。据统计，从1946年7月至1950年6月，国民党军队起义、投诚和接受和平改编的有150个整师，共计177万余人，占我歼敌总数的22%。① 这一时期被称为"解放战士"的国民党俘虏兵，成为解放军各大野战军的主要补充兵源，充分显示了瓦解敌军的巨大威力。

加强集中统一、整顿纪律。1947年10月，党中央以中国人民解放军总部训令的形式向全军颁布"三大纪律、八项注意"。1948年1月，党中央颁发了毛泽东亲自起草的《关于建立报告制度》，强调建立严格而完备的报告制度；1948年5月，毛泽东发出"军队向前进，生产长一寸，加强纪律性，革命无不胜"的伟大号召。各部队进行了广泛深入的政策纪律教育，进一步加强了指战员的组织纪律观念，为争取解放战争胜利作了必要准备。

打击敌特破坏，保卫解放区政权。我军保卫工作以锄奸反特为中心，加强首脑机关、要害部位和基层连队保卫工作，打击国民党特务破坏活动，发挥了保安全、保纯洁、保胜利的重要作用。与此同时，军事审判、军事检察工作及时将严肃部队纪律和保障入城有序作为重点，贯彻了党的宽大政策和争取教育改造的方针，及时惩罚了违反法纪的行为。

二、社会主义革命和建设时期的军队政治工作

社会主义革命和建设时期，我军政治工作适应党和军队中心任务的转变，继承发扬优良传统，全面加强政治思想工作，有力保证了训练、战备、作战等

---

① 肖裕声主编：《中国共产党军队政治工作史》上卷，军事科学出版社2015年版，第1101页。

任务的完成，在各方面都有许多新发展，是我军政治工作深入发展时期。

（一）社会主义革命时期军队政治工作

中华人民共和国成立后，我军任务由夺取政权转变为保卫祖国、建设祖国。这一时期，我军政治工作适应转变的形势和任务要求，做了大量工作，取得了丰硕成果。

服务保证部队继续完成新民主主义革命的任务。从 1949 年 10 月到 1950 年 6 月，我军开展了追歼残敌的斗争，从 1950 年 3 月到 1953 年底，开展了清剿土匪的斗争，政治工作在反复动员教育官兵、保证大迂回大包围作战方针的贯彻、分化瓦解敌军、清除混入我军的破坏分子等方面发挥了重要作用。同时，在确保土改工作顺利进行、恢复国民经济和社会秩序等方面也作出了重要贡献。

服务保证抗美援朝出国作战的胜利。志愿军政治工作创造了许多新经验，主要是：深入进行"抗美援朝，保家卫国"和鄙视、蔑视、仇视美帝国主义教育，提高爱国主义和国际主义觉悟；深入宣传积极防御战略方针和人民军队作战原则，坚定"以劣胜优"的信心和勇气；树立和宣扬英模，深入开展杀敌立功运动，创造性开展瓦解敌军工作；加强后勤保障政治工作，保证建立打不断、炸不烂的钢铁运输线；加强部队的整体观念教育，探索保证军兵种协同作战及同友军团结协作的政治工作；反复进行出国作战的政策纪律教育，强调部队要尊重和团结朝鲜党政军民；等等。

服务保证现代化、正规化革命军队建设。贯彻全国军事系统党的高级干部会议精神，宣传我军军事建设的总方针和总任务，明确"采取在党委统一（集体）领导下的首长分工负责制"。在制度建设方面。1954 年 9 月，成立中共中央军事委员会、中华人民共和国国防委员会，担负整个军事工作的领导，实现了党领导军队与国家领导军队的统一。1950 年 4 月，中央人民政府人民革命军事委员会总政治部成立，形成自上而下的全军统一的政治工作领导机构。1954 年 4 月，中共中央和中央人民政府人民革命军事委员会颁发了《中国人民解放军政治工作条例（草案）》，这是新中国成立后第一部政治工作条例。从 1955 年开始，我军逐步实行义务兵役制、薪金制、军衔制和颁发勋章奖章制度，各部队广泛进行思想动员，组织开展条例规定学习，注意解决盲目攀比、争名争利的问题，有力保证了四项制度改革的顺利实施。在文化教育、训练中政治工作等方面。据统计，1951 年底全军基本上扫除了文盲和半文盲，1955 年全军干部文化水平初中以上占 50%。从 1953 年下半年开始，全军开展了以军事训练为主的正规训练，各部队把军事训练纳入党委工作重要议事日程，强调政治工作必须渗透到军事业务中，号召政治干部学军事学技术，结合训练实际开展群众性练兵活动，做好军事演习中政治工作，有效激发了官兵训练热情。

（二）社会主义建设的探索和曲折发展时期军队政治工作

这一时期，我军政治工作继承发扬优良传统，保证了党的路线方针政策的贯彻和军队建设的发展，其成绩是主要的；但由于党的工作指导方针的失误特别是林彪提出"突出政治"等错误观点，政治工作方向也发生了偏差、遭到了破坏。

加强部队思想理论建设和基层建设。1960年，总政治部发出指示，明确提出在基层干部战士中广泛开展学习毛泽东思想的宣传，到1963年全军兴起了系统学习毛泽东著作的热潮。全军普遍开展学习雷锋、学习"南京路上好八连"活动。1958年起全军连队开展"五好"运动，1961年改为开展"四好"连队、"五好"战士运动①。从1958年5月开始，总政治部先后作出干部下连当兵等规定，有力改进了领导作风，促进了基层建设发展。

服务保证度过三年经济困难时期、加强军事训练和边海防作战任务的完成。从1959年到1961年，各部队广泛开展增产节约运动，做好驻重灾区部队和家在灾区人员的思想工作，开展"两忆三查"② 等教育，使全军官兵保持了昂扬斗志。广泛开展创优等射手、特等射手、技术能手活动，掀起学习"郭兴福教学法"运动，做好军事训练大比武中政治工作。在完成东南沿海作战和战备、炮击金门作战、西藏平叛作战、中印边境自卫反击作战、保卫祖国海空等任务中，政治工作发挥了重要的服务保证作用，创造了许多新经验。

1966年至1976年的"文化大革命"期间，我军政治工作虽然受到了严重干扰破坏，但仍然发挥了重要作用，保证了党中央、中央军委对军队的领导，保证了全军的基本稳定，保证了国防科研、生产施工、守卫边海防、抢险救灾、支援地方建设等重要任务完成。

三、改革开放和社会主义现代化建设新时期的军队政治工作

这一时期，我军政治工作伴随着国家、军队建设和改革的步伐，在继承创

---

① "四好"，指政治思想好、"三八作风"好、军事训练好、生活管理好；"五好"，指政治思想好、军事技术好、"三八作风"好、完成任务好、锻炼身体好。
② "两忆"是忆阶级苦、忆民族苦。"三查"是查立场、查斗志、查工作。

新中发展，在服务保证中落实，在迎接挑战中加强，呈现出鲜明的时代特色，为军队建设、作战和遂行非战争军事行动任务作出了新贡献。

从 1976 年 10 月粉碎"四人帮"到 1978 年底党的十一届三中全会召开，是党和国家逐步扭转"文化大革命"造成的混乱局面，实现历史性转折，开辟社会主义事业发展新时期的重要阶段。在这两年多的时间里，我军政治工作主要开展了揭批"四人帮"的斗争，从思想上政治上组织上清除其流毒和影响；开展真理标准问题的讨论，对"两个凡是"进行批判；对部队进行组织纪律整顿，广泛开展学雷锋、学"硬骨头六连"、学航空兵一师的"三学"活动。1978 年 6 月，邓小平在全军政治工作会议上发表重要讲话，着重阐述了毛泽东关于实事求是的观点，提出研究和解决在新的历史条件下怎样恢复和发扬政治工作优良传统、提高部队战斗力的问题，为我军政治工作指明了正确的发展方向，确立了我军政治工作创新发展的基本思路。

（一）伟大历史转折和中国特色社会主义开创时期军队政治工作

这一时期，我军政治工作紧紧围绕党的工作中心和建设强大的现代化正规化革命军队的总目标，认真总结和汲取正反两方面的历史经验，从根本上拨乱反正，重新走上正确的发展轨道，对保证军队服从服务于国家建设大局和完成各项任务发挥了重要作用。

进行党的基本路线教育。党的十一届三中全会后，全军认真组织传达学习全会精神，深入进行真理标准问题讨论和补课，深入进行以现代化建设为中心和改革开放政策的教育。全军部队开展坚持四项基本原则、反对资产阶级自由化的教育。1987 年党的十三大确立党的基本路线后，基本路线教育成为我军思想政治教育一项经常性主要内容。

组织官兵学习科学文化知识、培养军地两用人才。1979 年，我军把科学文化教育列入部队教育训练的内容，各部队从本单位实际出发组织官兵学习科学文化知识；1982 年 12 月，总政治部推广了南京军区某师培养军地两用人才的经验；1983 年 5 月，先后在江苏徐州、浙江金华召开全军经验交流会，推动全军迅速掀起学习科学文化知识、培养军地两用人才的热潮。

加强干部队伍革命化、年轻化、知识化、专业化建设。我军从 1983 年起采取青中选优的方针，突破干部老化循环，促进干部队伍新老交替，军师团领导班子向年轻化迈出较大一步。通过大胆提拔和合理使用知识分子干部，积极办好各级各类院校，加强干部正规培训和在职教育，改革干部制度等，有效调动了各级干部的工作积极性。

服务保证军队建设指导思想战略性转变和百万大裁军任务完成。1985 年 6 月召开的军委扩大会议决定，从准备"早打、大打、打核战争"的临战状态，真正转到和平时期的建设轨道上来；同时决定在两年内有秩序、有步骤地裁减军队员额 100 万。全军普遍进行了深入宣传教育，引导官兵顾大局、识大体，正确对待撤并走留，保证了体制改革和精简整编任务的顺利完成。

开展军民共建社会主义精神文明活动。1983 年 4 月，中共中央办公厅、国务院办公厅、中央军委办公厅转发了北京军区、河北省委和省人民政府《关于军民共建精神文明现场会的情况报告》。6 月，邓小平发出"发扬我军拥政爱民的光荣传统，军民共建社会主义精神文明"的号召。此后，军民共建精神文明活动在全国全军广泛开展起来，成为密切军政军民关系的新途径，有力推动了现代化正规化革命军队建设。

1987 年 1 月，中央军委作出《关于新时期军队政治工作的决定》。2 月，中共中央向全党转发了这一决定。决定以马克思列宁主义、毛泽东思想为指导，继承党和军队政治工作的优良传统，结合新的历史时期军队的任务和面临的情况，对军队政治工作的指导思想、主要任务、方针政策和基本方法，作出了正确阐述和规定，对保证军队的革命化、现代化、正规化建设，保证军队完成保卫祖国、建设祖国的光荣任务，发挥了重要作用。

（二）把中国特色社会主义推向二十一世纪时期军队政治工作

这一时期，我军政治工作紧紧围绕新形势新任务对我军建设提出的"打得赢、不变质"两大历史性课题，积极寻求新的思路对策，不断推进创新发展。

狠抓"一个根本、四个教育"，大力加强思想政治建设。坚持把用邓小平理论武装作为新时期军队政治工作的根本任务，迅速掀起深入学习的高潮。广泛深入开展爱国奉献、革命人生观、尊干爱兵和艰苦奋斗教育，努力使军队精神文明建设走在全社会前列。坚持不懈用党的基本理论、基本路线、基本纲领教育部队，开展现代科技知识特别是高科技知识的学习。针对"法轮功"邪教和各种迷信思想的不良影响，对广大官兵进行了坚信唯物主义无神论、反对唯心主义有神论的教育。

坚持从严治党，加强军队党组织建设和干部队伍建设。全军各部队根据中央军委《关于贯彻党的十四届四中全会精神进一步加强军队党的建设的决定》要求，认真抓了各级领导班子以学习邓小平理论为核心的思想建设，以坚持民主集中制为主要内容的组织建设，以反腐败、保持廉洁自律为重点的党风廉政建设。在全军团以上领导班子和领导干部中，分期分批开展以"讲学习、讲政治、讲正气"为主要内容的党性党风教育和革命气节教育，在全体党员中开展保持共产党员先进性、做合格党员教育。同时，出台干部任免、交流、考核、管理、监督等相关法规意见。

落实"五句话"总要求，全面加强基层建设。1995年4月，中央军委颁发施行的《军队基层建设纲要》，以江泽民提出的政治合格、军事过硬、作风优良、纪律严明、保障有力"五句话"总要求规范基层建设，对基层建设的方向、途径、目标和标准等作出了明确具体的规定。全军广泛开展"争创先进连队，争当优秀士兵"活动，充分调动广大官兵建功立业的积极性、创造性，涌现出一大批"双争"先进单位和优秀个人。

积极贯彻新时期军事战略方针，认真做好军事斗争准备中政治工作。1993年，党中央、中央军委提出，必须把军事斗争准备的基点放在打赢信息化条件下的局部战争上，走有中国特色的精兵之路。各级党委和政治机关抓好从数量规模型到质量效能型、从人力密集型到科技密集型"两个根本性转变"教育，做好裁减军队员额50万中的政治工作，从思想上、组织上保证精简整编任务完成；动员和组织部队认真学习高科技知识，做好科技练兵中的政治工作。

紧盯形势任务发展，保证部队纯洁巩固和安全稳定。这一时期，敌对势力把价值观输出作为核心内容，把炒作热点敏感问题作为基本手段，妄图从意识形态领域打开缺口。特别是随着经济社会快速发展，社会矛盾和利益诉求叠加共振，军地互涉案件以及严重侵害国防和军事利益、侵害军人军属权益的案件呈上升趋势。我军安全保卫、军事审判、军事检察和司法行政工作，紧紧围绕军队建设发展大局发挥职能作用，为维护部队纯洁巩固和安全稳定提供了重要保障。

1999年7月，全军政治工作会议作出《关于改革开放和发展社会主义市场经济条件下军队思想政治建设若干问题的决定》。8月，中共中央转发了该决定。决定回顾了改革开放20年，特别是党的十四大以后军队思想政治建设的实践，总结新时期军队思想政治建设的基本经验，分析新的历史条件和国际国内形势的变化，集中回答改革开放和发展社会主义市场经济条件下军队思想政治建设面临的重大问题，体现了古田会议以后我军政治工作的优良传统，对我军政治工作和现代化建设产生了重大的影响。

（三）新的形势下坚持和发展中国特色社会主义时期军队政治工作

这一时期，我军政治工作紧紧围绕党、国家工作大局和军队中心任务，保证军队有效履行新世纪新阶段历史使命。

深入开展"四项重大教育"，大力培育当代革命军人核心价值观。紧密结合形势任务和官兵思想实际，广泛开展学习实践科学发展观活动，深入开展我军历史使命、理想信念、战斗精神和社会主义荣辱观教育，始终保持部队正确政治方向。围绕强化官兵精神支柱，大力培育"忠诚于党、热爱人民、报效国家、献身使命、崇尚荣誉"的当代革命军人核心价值观，按照思想教育、舆论引导、文化熏陶、典型示范、实践养成、制度保障等要求，着力构建深入学习、长期培育、自觉践行的长效机制。

以能力建设和先进性建设为主线，全面加强军队党的建设。深入开展以实践"三个代表"重要思想为内容的保持共产党员先进性教育活动，开展"讲党性、重品行、作表率"教育活动，强化党员干部的党性观念和作风养成。贯彻落实《中央军委关于加强和改进新形势下军队党的建设的意见》，以党的创新理论武装为根本加强学习型党组织建设，以思想作风建设为重点加强各级党委班子建设，以创先争优活动为抓手加强基层党组织建设，增强了党组织的创造力凝聚力战斗力。

积极推进和落实军队人才战略工程。全军认真贯彻落实中央军委《实施军队人才战略工程规划》，大规模培养人才、大幅度提高素质，突出军事斗争人才准备，加强指挥军官队伍、参谋队伍、科学家队伍、技术专家队伍、士官队伍建设，加强联合作战指挥人才、信息化管理人才、信息技术专业人才、新装备操作和维护人才培养，实施高层次科技创新人才工程。加快推进非战争军事行动专业人才建设，在重大行动中合理调配使用人才。坚持走军民融合式培养人才路子，加大军队院校任职教育力度，稳步推进依托培养工作，融合式培养人才的机制不断完善。

推进国防和军队法治化建设，维护国防和军事利益。随着时代发展，我军建设的内外环境发生了很大变化，军队政法部门充分发挥主观能动性，严惩各类违法犯罪，做好法治宣传教育、维护军人军属合法权益等工作，不断提升执法司法公信力。

始终紧贴遂行多样化军事任务实践开展政治工作。坚持以战斗力为标准，按照加紧做好军事斗争准备特别是应急作战准备要求，大力加强战斗精神培育，制订颁发了舆论战、心理战、法律战纲要，扎实做好军事训练和重大演习中政治工作，特别是在抢险救灾、社会维稳、重大活动安保、国庆阅兵、护航行动等重大任务中，政治工作全程跟进、主动作为，为生成巩固提高部队战斗力、圆满完成各项任务提供了可靠政治保证和强大精神动力。

进一步建立健全政治工作政策制度和法规体系。适应依法治军、从严治军要求，相继修订颁发《中国人民解放军政治工作条例》《军队基层建设纲要》《中国人民解放军预防犯罪工作条例》，制定颁发《中国共产党军队委员会工作条例》《中国共产党军队支部工作条例》《中国人民解放军思想政治教育大纲》等，推进军队政治工作法规化制度化。稳步推进兵役制度、军人转业退伍安置、军人社会保险等制度改革，相继出台提高优待抚恤标准、调整军人家属随军条件和解决边海防部队实际困难、伤病残军人退役安置等政策，有力维护了官兵切身利益和合法权益。

四、中国特色社会主义进入新时代的军队政治工作

这一时期，世界百年未有之大变局加速演进，中华民族伟大复兴进入关键时期，中国式现代化全面推进拓展，党和国家事业取得历史性成就、发生历史性变革，国防和军队建设所处的时代条件和历史方位发生了深刻变化。军队政治工作紧紧围绕实现中华民族伟大复兴的中国梦和实现党在新时代的强军目标，牢牢扭住坚持党对军队绝对领导，固本开新、革故鼎新、守正创新，发挥其对强军兴军的生命线作用。

召开古田全军政治工作会议，以整风精神推进政治整训。党的十八大之前一个时期，人民军队党的领导弱化问题突出，如果不彻底解决，不仅影响战斗力，而且事关党指挥枪这一重大政治原则。2014年10月30日至11月2日，全军政治工作会议在福建省上杭县古田镇召开，习近平出席会议并发表重要讲话，对新时代政治建军作出部署，强调共产党领导的革命的政治工作是革命军队的生命线，提出军队政治工作的时代主题，强调要把理想信念、党性原则、战斗力标准、政治工作威信四个带根本性的东西在全军立起来，着力抓好铸牢军魂、高中级干部管理、作风建设和反腐败斗争、战斗精神培育、政治工作创新发展等五个方面工作。古田全军政治工作会议是在党、国家和军队事业发展的重要关口召开的一次极为重要的会议，确立了新时代政治建军方略，开启了思想建党、政治建军新征程，在人民军队建设史上具有里程碑意义。12月30

日，中共中央向全党全军转发了《关于新形势下军队政治工作若干问题的决定》。该决定着眼实现中华民族伟大复兴的中国梦，实现党在新时代的强军目标，坚持思想建党、政治建军原则，贯彻整风精神，确立军队政治工作的时代主题，纠正军队思想、组织、作风等方面存在的突出问题，明确加强和改进新形势下军队政治工作的总体要求、指导原则、重点任务和思路举措，具有重大而深远的指导意义。2015 年 2 月，中央军委制定《贯彻落实全军政治工作会议精神总体部署方案》，向全军下达落实政治建军方略的总规划、任务书。全军刀刃向内、刮骨疗毒，坚定不移整顿思想、整顿用人、整顿组织、整顿纪律以及干部工作大检查和财务工作大清查等专项清理整顿，严肃查处郭伯雄、徐才厚、房峰辉、张阳等严重违纪违法案件并全面彻底肃清其流毒影响，突出打好思想清理、组织清理两场硬仗，深入开展 12 个重大是非问题讨论辨析，匡正选人用人风气，持之以恒纠治"四风"①，坚定开展反腐败斗争，全面停止军队有偿服务。2023 年 5 月，中央军委办公厅印发《关于推进政治整训常态化制度化的意见》，明确了新征程上深化政治整训的总体要求、问题靶标和制度举措。以古田全军政治工作会议为重要起点，我军重振政治纲纪，重整行装再出发，政治生态根本好转，新风正气不断上扬。

全面深入贯彻军委主席负责制，确保全军坚决听习主席指挥、对习主席负责、让习主席放心。军委主席负责制，是坚持党对军队绝对领导的根本制度。党中央和中央军委对贯彻军委主席负责制高度重视，采取了一系列重要举措，推动贯彻军委主席负责制严起来、实起来，极大丰富和发展了军委主席负责制的理论和实践。2012 年 11 月，中央军委修订《中央军事委员会工作规则》，明确写上中央军事委员会实行主席负责制，进一步明晰工作职责、健全工作制度、规范工作程序。2014 年 4 月，中央军委印发《关于贯彻落实军委主席负责制建立和完善相关工作机制的意见》，建立请示报告、督促检查、信息服务"三项机制"，推动军委主席负责制各项要求机制化运行。2017 年 10 月，党的十九大通过的党章修正案，将中央军事委员会实行主席负责制写入其中，把这一个长期以来已经事实上在实施的制度进一步明确化、固定下来。11 月，中央军委印发《关于全面深入贯彻军委主席负责制的意见》，阐明了全面深入贯彻落实军委主席负责制的重大意义，明确了基本要求和具体规范。2018 年 3 月至

---

① "四风"，指形式主义、官僚主义、享乐主义和奢靡之风。

6 月，中央军委派出巡视组对全面深入贯彻军委主席负责制情况进行专项巡视，切实推动军委主席负责制坚决、全面、具体、无条件贯彻落实。党的二十大闭幕不久，中央军委先后印发《关于深化军委主席负责制贯彻落实的若干意见》《全面深入贯彻军委主席负责制的若干规定》。2023 年 2 月，经中央军委批准，中央军委办公厅印发军委主席负责制学习教育规划。2023 年 6 月，中央军委政治工作部区分中校以上军官使用和基层官兵使用两个版本，编修印发《军委主席负责制学习读本》。全军深刻领悟"两个确立"的决定性意义，坚决做到"两个维护"，以更高标准、更严要求贯彻军委主席负责制，始终在思想上政治上行动上同党中央、中央军委保持高度一致。

贯彻新时代党的建设总要求，全面提高军队党的建设工作质量。2013 年 11 月，全军党的建设工作会议召开，习近平接见会议代表并讲话，强调必须把军队党的建设摆在更加突出的位置，始终坚持党对军队的绝对领导，始终坚持以能打仗、打胜仗为根本着眼点，始终坚持党要管党、从严治党方针，始终坚持以改革创新精神加强军队党的建设，不断提高军队党的建设科学化水平。2017 年 10 月，党的十九大把坚持党对人民军队的绝对领导上升为新时代坚持和发展中国特色社会主义的基本方略之一。2018 年 8 月，中央军委党的建设会议召开，习近平出席会议并讲话，对我军加强党的领导和党的建设工作作出全面部署，强调要毫不动摇坚持党对军队的绝对领导，锻造坚强有力的党组织，锻造高素质干部和人才队伍，深入推进党风廉政建设和反腐败斗争，为我军履行好新时代新使命、开创强军事业新局面提供坚强政治保证。9 月，中央军委印发《关于加强新时代军队党的建设的决定》。2019 年 10 月，党的十九届四中全会决定专门用了一个部分就坚持和完善党对人民军队的绝对领导制度、确保人民军队忠实履行新时代使命任务进行部署。2020 年 7 月，中共中央印发《中国共产党军队党的建设条例》，首次专门对军队党的建设作出全面系统规范，标志着我军党的建设科学化、规范化、制度化水平迈上新台阶。12 月，中共中央印发新修订的《军队政治工作条例》，对新时代军队政治工作的指导思想、时代主题、基本任务和原则、主要内容，党对军队政治工作的领导等方面作了全面规定，是新时代军队党的建设和政治工作的主干法规。同月，中央军委印发《中国共产党军队委员会（支部）工作规定》，为新时代军队党组织开展工作提供了基本依据。2023 年 7 月，全军党的建设会议在北京召开，习近平对会议作出重要指示。会后，中央军委印发《关于围绕实现建军一百年奋斗目标全面加强军队党的建设的意见》，中央军委政治工作部、中央军委纪律检查委员会印发《军队党委落实全面从严治党主体责任检查评价指标体系（试行）》。党中央和中央军委坚持以党的政治建设为统领，着力强化各级党组织的政治功能和组织功能，党委统一领导作用、基层党组织战斗堡垒作用和党员先锋模范作用得到充分发挥，各级党组织的领导力、组织力、执行力全面加强。经过全军上下共同努力，我军恢复和发展了一些带根本性的东西，破除了许多沉疴积弊，弱化党对军队绝对领导的状况得到有力解决，党的建设取得历史性成就。

持续抓好新时代党的创新理论武装，切实用以统一思想、统一意志、统一行动。全军按照党中央和中央军委决策部署，深入学习贯彻习近平新时代中国特色社会主义思想，突出学好习近平强军思想，在全面学习、全面把握、全面落实上下功夫，推动学习贯彻往深里走、往实里走、往心里走。中央军委先后举办全军高级干部专题研讨班、少将以上军（警）官理论培训班，组织一系列重大理论宣讲，编印《习近平论强军兴军》《习近平论强军兴军（二）》《习近平论强军兴军（三）》《习近平强军思想学习纲要》《习近平强军思想学习问答》等教材，推出《强军一席话》系列微视频、《追光》思想解读类融媒体片等，各级分级分批轮训中校以上军官，常态开展理论服务走基层活动，持续兴起学习贯彻热潮。深入开展一系列主题教育和党内集中教育，广泛开展"中国梦·强军梦·我的梦"等群众性学习实践活动，涌现出"大功三连"等一批先进典型。2020 年 12 月，全军思想政治教育工作会议召开，习近平接见全体会议代表。会议围绕加强党对军队的思想政治领导，着力构建新时代人民军队思想政治教育体系，创新教育理念、内容、方法、力量、工作运行和制度机制。2021 年 4 月，中央军委印发《关于构建新时代人民军队思想政治教育体系的意见》《军队思想政治教育规定》；经中央军委批准，军委办公厅印发《以实际成效检验思想政治教育办法（试行）》。这 3 个法规文件从顶层指导、基本法规、督导措施 3 个维度，对新时代军队思想政治教育做出系统全面规范。按照入门教材、基础教材、特色教材编写思路，推出新时代人民军队思想政治教育教材体系。同年 10 月，全军思想政治教育创新集训举行，聚焦提高灌输授课质效，学习授课新法、研究抓教难题、推广示范成果，推动新时代思想政治教育体系构建走深走实。全军坚持用习近平强军思想铸魂育人，学习强军思想、建功强军事业成为部队建设的主旋律，成为全军上下的共同追求，铁心向党的思想根基更牢、团结奋斗的精神力量更强。

实施新时代人才强军战略，锻造德才兼备的高素质、专业化新型军事人才。党中央和中央军委紧紧围绕强军事业选贤任能，提出对党忠诚、善谋打仗、敢于担当、实绩突出、清正廉洁的军队好干部标准，在选人用人上坚持德才兼备、以德为先，坚持五湖四海、任人唯贤，坚持事业为上、公道正派，树立注重基层、注重实干、注重官兵公认的导向，出台干部任职回避、作战部队指挥军官任职资格、激励干部担当作为等方面一系列政策规定。成立中央军委干部考评委员会，组织全军干部队伍建设情况专题调研和接续专项调研，以及军级以上干部队伍建设情况调研。贯彻新时代军事教育方针，落实院校优先发展战略，组织全军院校长集训，健全军队院校教育、部队训练实践、军事职业教育三位一体新型军事人才培养体系。创新军事人力资源管理，把军事人力资源工作统一归口政治工作部门管理，军官、军士、义务兵、文职人员四类人员实现整体开发、分类建设，出台《现役军官管理暂行条例》并印发相关配套法规，印发《军士暂行条例》《义务兵暂行条例》以及相关配套法规，修订颁发《中国人民解放军文职人员条例》以及相关配套文件。2019 年 9 月，成立中央军委人才工作领导小组，形成打通部门、领域、军地界限的人才抓建格局。2021 年 11 月，中央军委人才工作会议召开，习近平出席会议并讲话，指出要实施新时代人才强军战略，聚焦实现建军一百年奋斗目标，推动军事人员能力素质、结构布局、开发管理全面转型升级，锻造德才兼备的高素质、专业化新型军事人才，确保军事人员现代化取得重大进展，关键领域人才发展取得重大突破，人才总体水平跻身世界强国军队前列。会后，中央军委印发《关于加强新时代军队人才工作的决定》，出台关于加强联合作战指挥人才建设、加强新型作战力量人才建设、激发科技人员创新活力动力、加强高水平战略管理人才建设等措施，提高备战打仗人才供给能力和水平，我军人才强军战略迈向深入实施、体系推进的新阶段。

聚焦备战打仗主责主业，体系构建备战打仗中政治工作。党的十八大以来，党中央和中央军委突出强调归正备战打仗工作重心，我军政治工作紧紧围绕能打仗、打胜仗，牢固树立战斗力这个唯一的根本的标准，通过体系构建备战打仗中政治工作，不断完善理念指导、内容标准、制度机制和力量手段等，我军政治工作在服务备战打仗上取得显著成效。2014 年 3 月，全军围绕"战斗力标准是什么、战斗力现状怎么看、战斗力建设怎么办"，兴起战斗力标准大讨论热潮，推动战斗力这个唯一的根本的标准立起来落下去。2015 年 4 月，总政治部印发《关于在党委领导工作中贯彻落实战斗力标准的意见》，推动各级全部精力向打仗聚焦、全部工作向打仗用劲。2018年3月，全军深入开展"和平积弊大起底大扫除"活动，以整风精神纠治备战打仗中的顽症痼疾。2021年1月，中央军委印发《新时代培育战斗精神实施纲要》，建立战斗精神培育长效机制。12月，中共中央、国务院、中央军委印发《军队功勋荣誉表彰条例》，同步启用新时代军队勋章、奖章、纪念章。全军积极做好实战化军事训练中政治工作，加强政治工作实战化实案化研究演练，端正训风演风考风。组建战地记者队、战地摄影队、文艺轻骑队，嵌入部队服务练兵备战。做好执行非战争军事行动任务中政治工作，在遂行边防斗争、海上维权、反恐维稳、抢险救灾、抗击疫情、维和护航等任务中，充分发挥党组织作用，深入做好思想教育、心理疏导、法律保障等工作，有力保证了各项任务的圆满完成。广泛开展新时代立功创模活动，涌现出"献身国防科技事业杰出科学家"林俊德、"逐梦海天的强军先锋"张超、新时代卫国戍边英雄群体等先进典型。大力弘扬拥军优属、拥政爱民光荣传统，各级党委政府大力支持部队调整改革、人员分流安置、停止有偿服务和历史遗留问题解决，帮助解决官兵后路、后院、后代问题，有力保障部队遂行任务。

全面锻造"三个过硬"基层，打牢部队全部工作和战斗力的基础。加强新时代我军基层建设，是强军兴军的根基所在、力量所在。党中央和中央军委高度重视基层建设，坚持扭住党的组织抓基层，扭住战备训练抓基层，扭住官兵主体抓基层，扭住厉行法治抓基层，着力夯实政治根基，加强练兵备战，重塑力量编成，正规建设秩序，纯正内部风气，激发动力活力，军队基层建设取得长足进步。2019年11月，中央军委基层建设会议召开，习近平出席会议并讲话，强调落实"四个坚持扭住"要求，发扬优良传统，强化改革创新，全面锻造听党话、跟党走的过硬基层，能打仗、打胜仗的过硬基层，法纪严、风气正的过硬基层，为推进强军事业提供坚实基础和支撑。同月，中央军委印发《关于加强新时代军队基层建设的决定》，强调要坚持用习近平强军思想引领新时代基层建设，确保强军目标在基层落地生根。2020年1月，军委政治工作部印发《关于全军开展争创"四铁"先进单位争当"四有"优秀个人活动的通知》。2月，新修订的《军队基层建设纲要》施行，对新形势新体制下抓基层内容体系进行全面重塑，为新时代军队基层建设提供了基本准则和依据。9月，召开全军"双争"活动试点试行工作交流会，探索新时代开展"双争"活动的有效途径，推动官兵把创先争优热情转化为练兵备战的实际行动。

　　坚持以严的基调强化正风肃纪，坚决打赢反腐败斗争攻坚战持久战。党风问题关系执政党的生死存亡，腐败是危害党的生命力和战斗力的最大毒瘤。针对过去一个时期不正之风和腐败现象滋生蔓延的问题，党中央和中央军委坚持把改进作风作为推进各项工作的突破口，严格落实中央八项规定精神，制定出台军委加强自身建设的十项规定及实施细则，从自身抓起，从高级干部严起，为全军改进作风立起标杆。深入纠治"四风"及其隐形变异问题，先后印发《纠正形式主义、官僚主义问题清单》《关于解决"五多"① 问题为基层减负的若干规定》等文件，深挖严治违规喝酒、请吃吃请、网上收礼送礼等不良风气，刹住了一些长期没有刹住的歪风，纠治了一些多年未除的顽瘴痼疾。组建新的军委纪委监委、军委政法委、军委审计署，采取单独派驻和综合派驻的方式向军委机关部门和战区派驻纪检监察组，构建形成了严密的权力运行制约和监督体系。建立健全巡视巡察制度和机构，推进巡视巡察全覆盖，强化以巡促改、以巡促建、以巡促治。制定实施《中国共产党军队纪律检查委员会工作规定》《中国共产党军队委员会政法委员会工作规定（试行）》《中央军委巡视工作条例》《军队监察工作条例（试行）》《军队实施党内监督的规定》《军队党的问责工作规定》等法规，正风肃纪反腐法规体系不断完善。坚持把纪律和规矩挺在前面，用好纪检、巡视、审计"三把利剑"，压紧压实党委主体责任、纪委监督责任、行业部门廉政主管责任，用好监督执纪"四种形态"②，坚持有腐必反、有贪必肃，坚持无禁区、全覆盖、零容忍，坚持重遏制、强高压、长震慑，坚定不移推进反腐败斗争，一批腐败分子被绳之以法，推动军队党风廉政建设和反腐败斗争取得压倒性胜利并不断巩固。坚决纠治官兵身边的腐败和不正之风，部署建立基层风气监察联系点，推动全面从严治军向基层延伸。

---

① "五多"，指会议多、文电多、工作组多、检查评比多、上层活动多。

② "四种形态"，指经常开展批评和自我批评、约谈函询，让"红红脸、出出汗"成为常态；党纪轻处分、组织调整成为违纪处理的大多数；党纪重处分、重大职务调整的成为少数；严重违纪涉嫌违法立案审查的成为极少数。

思考题：

1. 如何理解马克思主义及其中国化时代化成果是我军政治工作的理论基础？

2. 结合实际谈谈如何以习近平强军思想指导新时代我军政治工作？

3. 我军政治工作的创立和发展经历了哪些阶段？

4. 党的十八大以来军队政治工作实践历程给我们以哪些深刻启示？

第二章　军队政治工作的实质和特征

实质，是一事物区别于他事物的固有的质的规定性，通常"泛指事物的本质"①，是事物本质的集中体现，决定着事物的性质、面貌和发展。特征是指事物的特点和表征，是事物实质的外在表现。研究把握军队政治工作的实质和特征，是认清军队政治工作地位作用、时代主题、基本任务、内容方法、制度机制和内在规律的重要前提。

第一节　军队政治工作的实质

习近平在古田全军政治工作会议上指出，"军队政治工作实质上是党领导和掌握军队的工作"②。这一重要论断，深刻揭示了军队政治工作质的规定性。

一、军队政治工作是党的工作

我军政治工作是党的工作，表明我军政治工作是由党创建、领导和组织实施的，是直接为贯彻党的纲领路线、实现党对军队绝对领导服务的。

中国共产党和人民军队的性质宗旨，决定了军队政治工作是党的工作。马克思主义认为，在政党政治条件下，军队总是为一定阶级及其政党实现政治目的服务的，必然从属于一定的阶级及其政党，接受其特定的思想意志和政治主张，贯彻执行其决策、命令、指示和要求。一定的阶级和政党总是要通过各种途径和手段实现对军队的领导和掌控，从而保持军队的阶级属性，使军队有效履行政党所赋予的使命任务。中国共产党是中国最广大人民根本利益的忠实代表，党的初心和使命就是为中国人民谋幸福、为中华民族谋复兴。我军是中国共产党缔造和领导的人民军队，是执行党的政治任务的武装集团，是党的军队、人民的军队、社会主义国家的军队，必须以党的旗帜为旗帜、以党的方向为方向、以党的意志为意志，保证党的意志主张在军队得到不折不扣的贯彻落

① 《辞海》（第七版缩印本），上海辞书出版社 2022 年版，第 2040 页。
② 转引自《中国共产党简史》，人民出版社、中共党史出版社 2021 年版，第 432 页。

实。中国共产党通过在军队中开展政治工作，赋予人民军队先进的阶级属性、全心全意为人民服务的根本宗旨、崇高的奋斗目标，实现对军队的绝对领导和全面掌控。中国共产党和人民军队性质宗旨的一致性，必然决定了军队政治工作是党的工作，要由党来直接领导和具体组织实施。

　　中国共产党自创建军队和军队政治工作以来，始终强调和一贯坚持政治工作是党的工作，政治机关是党的工作机关。早在南昌起义时，党就在起义部队中建立了党组织、政治机关，开展了革命的政治工作。1927 年 8 月，中共中央临时政治局常委会通过的《中国共产党的政治任务与策略的议决案》明确提出，党"创造新的革命军队"，"这种军队之中要有极广泛的政治工作及党代表制度，强固的本党兵士支部，要有靠得住的忠实于革命的军官——这是现时革命运动中最重要的任务之一"①。秋收起义和井冈山斗争时期，党创造性地把支部建在连上，实行军队内部民主，在部队中开展政治教育，把进步的政治精神贯注于官兵之中，使一支以农民为主要成分的军队被逐步改造和建设成为无产阶级性质的新型人民军队。1928 年 5 月，《中央通告第五十一号——军事工作大纲（采用广东省委扩大会议军事问题决议案内容）》就党对政治工作的领导与组织作了明确规定："红军应由苏维埃派政治委员监督军官，并负责进行政治工作。政治委员应即为党的代表"②。同年 7 月，周恩来在党的六大上所作的军事工作报告中指出："红军一定有政治工作，党负责政治工作，政治部是党在军队中最高机关。"③ 由此可见，从建军初期起，军队政治工作就始终是由党直接领导并组织开展的。1929 年 12 月召开的古田会议，着眼确保党从思想上政治上领导和掌握军队，对军队政治工作一系列重大问题进行了系统规范，明确提出："红军的军事机关与政治机关，在前委指导之下，平行地执行工作。"④ 这一规定表明，政治工作是党直接领导下开展的工作，而不是军事工作的一部分。之后，党和军队一直通过法规形式对政治工作的这一属性加以明确和阐发。1930 年 10 月颁布的我军第一部政治工作条例——《中国工农红军政治工作暂行条例草案》规定，政治机关"是党在红军中政治路线及纪律的执行者""红军的政治工作就是要巩固无产阶级及其先锋队——中国共产党在红军中的

---

① 《中国人民解放军政治工作历史资料选编》第一册，解放军出版社 2002 年版，第 11 页。
② 《中国人民解放军政治工作历史资料选编》第一册，解放军出版社 2002 年版，第 63—64 页。
③ 《中国人民解放军政治工作历史资料选编》第一册，解放军出版社 2002 年版，第 91 页。
④ 《中国人民解放军政治工作历史资料选编》第一册，解放军出版社 2002 年版，第 360 页。

领导，要使红军成为有力的工农革命的武装力量"①。1937 年 8 月，《中共中央组织部关于红军改编后党及政治机关的组织的决定》指出："确定政治工作即是党的工作，故其中心仍是进行党的工作，保障党的策略路线的执行。"② 1940年 5 月，总政治部在对新四军政治工作的指示中指出，"政治工作是共产党党的工作，我们应公开的说明我军的政治工作这种特殊性"，在这个问题上"我们的立场是公开的，理直气壮的"③。1954 年 4 月颁发的《中国人民解放军政治工作条例（草案）》明确规定："政治工作就是党的工作。"④ 此后，我党我军一直沿用这一提法并在实践中始终坚持。1978 年 6 月，邓小平在全军政治工作会议上重申，"政治工作是党的工作，政治机关是党的工作机关"，并强调"这是我们的老传统"⑤。进入新时代，我军建设所处的时代条件和历史方位发生深刻变化，对军队政治工作提出了新的更高的要求。习近平指出："党的方向就是我军政治工作的方向，党和军队新形势下的中心任务决定我军政治工作的任务。"⑥ 这从党对政治工作方向、任务的规定性上，进一步明确了军队政治工作是党的工作这一根本属性。2017 年 10 月，党的十九大通过的党章修正案规定："中央军事委员会负责军队中党的工作和政治工作，对军队中党的组织体制和机构作出规定。"历史和现实充分表明，军队政治工作是党的工作，这是我党我军始终一以贯之的优良传统。正是由于始终坚持政治工作是党的工作，才保证了军队政治工作的正确政治方向，保证了我军始终成为党绝对领导下的人民军队。

二、军队政治工作是党领导和掌握军队的工作

党在军队中建立和开展政治工作，根本目的是为了保证党对军队的绝对领导，保证党的政治主张和思想理论在军队得到贯彻落实，保证军队有效履行党和人民赋予的使命任务。其基本途径是思想工作和组织工作。这决定了军队政治工作既要对广大官兵进行思想教育和政治动员，宣传贯彻党的理论和路线方

---

① 《中国人民解放军政治工作历史资料选编》第一册，解放军出版社 2002 年版，第 600 页。
② 《中国人民解放军政治工作历史资料选编》第四册，解放军出版社 2004 年版，第 14 页。
③ 《中国人民解放军政治工作历史资料选编》第五册，解放军出版社 2004 年版，第 203—204 页。
④ 《中国人民解放军政治工作历史资料选编》第十二册，解放军出版社 2010 年版，第 730 页。
⑤ 《邓小平文选》第二卷，人民出版社 1994 年版，第 124 页。
⑥ 《习近平谈治国理政》第二卷，外文出版社 2017 年版，第 401 页。

针政策，把党的政治思想、政治主张灌输到官兵中去；也要进行各级党组织建设、群团组织建设、干部和人才队伍建设、纪律检查和监察工作、政法工作等，把广大官兵凝聚成高度统一的坚强战斗集体。

（一）军队政治工作是党从思想上领导和掌握军队的工作

任何政党为了掌握军队，总是要向军队贯注该政党的政治主张和思想意志，使军队保持一定的阶级属性，自觉执行该政党的决策、指示，履行该政党赋予军队的使命任务。毛泽东指出："掌握思想领导是掌握一切领导的第一位。"① 我们党从思想上领导和掌握军队，是通过党在军队中的思想工作实现的。我军政治工作只有坚持思想领先的原则，坚持不懈用党的理论和路线方针政策武装官兵头脑，努力提高官兵的政治觉悟和认识能力，使广大官兵树立崇高的理想、坚定的信念，打牢听党话、跟党走的思想政治根基，才能实现党从思想上牢牢领导和掌握军队的目的。

新时代党在军队中的思想工作，就是要打牢广大官兵听党指挥、献身强军事业的思想政治根基，坚定革命意志、升华思想境界、纯洁道德情操，培育一不怕苦、二不怕死的战斗精神。实现这一要求的基本途径，是通过科学理论武装，引导官兵学习马克思列宁主义、毛泽东思想、邓小平理论、"三个代表"重要思想、科学发展观、习近平新时代中国特色社会主义思想，树立正确的世界观人生观价值观，坚定理想信念，铸牢精神支柱，坚决抵制腐朽思想文化和错误政治观点的侵蚀，始终保持坚定正确的政治方向；通过思想教育引导，对官兵进行党的基本理论、基本路线、基本方略学习教育，军委主席负责制学习教育，人民军队性质宗旨教育，军队根本职能教育，新时代军队使命任务教育，形势战备教育，党和军队光荣传统和优良作风学习教育，爱国主义教育，官兵友爱教育等，使官兵有效提高思想政治觉悟，不断强化履职尽责的精神动力；通过繁荣发展强军文化，发挥文化育人功能，以积极主动的工作占领部队思想阵地、文化阵地、舆论阵地，丰富活跃部队文化生活；通过经常性思想工作，把思想引导贯穿于部队军事训练、完成任务和各项工作中，融入官兵日常工作、生活中，持续激发广大官兵的积极性、主动性、创造性，动员广大官兵为圆满完成党和人民赋予的使命任务而奋斗。

（二）军队政治工作是党从组织上领导和掌握军队的工作

政党掌握军队，除了开展思想政治教育、进行思想引领之外，还必须开展

---

① 《毛泽东文集》第二卷，人民出版社1993年版，第435页。

组织建设，实行组织掌控。列宁指出："思想一致是用组织的物质统一来巩固的"，"无产阶级在争取政权的斗争中，除了组织，没有别的武器"①。毛泽东指出："一个政党要引导革命到胜利，必须依靠自己政治路线的正确和组织上的巩固。"② 我们党从组织上领导和掌握军队，是通过党在军队中的组织工作实现的。我军政治工作只有在军队中建立各级各类组织，加强党组织自身建设、各类群团组织建设、干部和人才队伍建设等，形成上下贯通、相互联系的严密组织体系，充分发挥党组织功能作用，使各类人员、一切工作都处于党组织领导之下，才能为党对军队绝对领导提供强有力的组织和人才支撑。

新时代党在军队中的组织工作，就是要贯彻新时代党的组织路线，坚持党管干部、党管人才、组织选人，锻造坚强的组织体系和高素质专业化干部队伍。实现这一要求的基本途径，是通过加强军队党组织的能力建设、先进性和纯洁性建设，增强党组织的创造力、凝聚力、战斗力，使军队党的各级组织成为坚定贯彻党的理论和路线方针政策、坚决完成党的各项任务的坚强领导集体；通过干部和人才队伍建设，贯彻党管干部和党管人才原则，实施新时代人才强军战略，确保枪杆子永远掌握在忠于党的可靠的人手中；通过民主制度建设和政法工作，实现和维护官兵的民主权利，适应全面依法治国要求，贯彻依法治军战略，保护国家利益和军事利益，维护军队高度集中统一和纯洁巩固，确保部队安全稳定；通过纪律检查和监察工作，维护党的章程和党内各项法规的严肃性和权威性，增强贯彻党中央、中央军委决策、指示的坚定性，深入推进军队党风廉政建设和反腐败斗争，把党的政治优势和组织优势转化为制胜优势。

党在军队中的思想工作和组织工作，是相互联系、相辅相成、不可分割的有机整体，共同保证党领导和掌握军队。思想工作是党对军队实施思想领导的基本途径，是保证党对军队绝对领导和人民军队性质的重要手段，离开思想工作，军队建设就会失去灵魂，迷失方向；组织工作是党对军队实施组织领导的基本途径，是保证党对军队绝对领导和人民军队性质的重要手段，离开组织工作，党对军队的绝对领导就失去组织基础，缺乏组织保证。思想工作和组织工作，统一于保证实现党领导和掌握军队这个根本目的，共同为军队听党指挥、

---

① 《列宁选集》第一卷，人民出版社 2012 年版，第 526 页。
② 《毛泽东选集》第一卷，人民出版社 1991 年版，第 303 页。

能打胜仗、作风优良提供坚强思想和组织保证。

第二节　军队政治工作的特征

军队政治工作具有鲜明的党性、严谨的科学性、广泛的群众性和全面的渗透性等特征。认识和把握军队政治工作的这些特征，有助于深刻理解和自觉坚持军队政治工作的实质，更好地发挥军队政治工作的作用。

一、鲜明的党性

军队政治工作具有鲜明的党性，主要表现在：军队政治工作作为党的工作，必须坚定地站在党的立场上，坚持党的行动指南——马克思主义及其中国化时代化成果的指导地位，坚持党的全心全意为人民服务的宗旨，坚持党对军队绝对领导的根本原则和制度，坚持用党的理论武装官兵，旗帜鲜明地宣传和贯彻党的路线方针政策，始终不渝地弘扬党的光荣传统和优良作风，全面加强军队党组织建设，坚定不移地保证完成党交给军队的各项任务。

军队政治工作的党性，是由军队政治工作的实质决定的。军队政治工作不是别的什么党派或组织的工作，而是中国共产党在人民军队中创立和开展的工作。对我党我军来说，党性和人民性从来都是一致的、统一的。因而，军队政治工作必须坚持党的原则第一、党的事业第一、人民利益第一，在党言党、在党忧党、在党为党，紧紧围绕实现党对军队绝对领导、完成党和人民赋予军队的使命任务而展开。军队政治工作只有深刻认识和始终坚持党性这一根本属性，才能保证党从思想上政治上组织上牢牢掌握部队，保证人民军队的性质、宗旨、本色。

军队政治工作的党性特征，要求在任何时候任何情况下，都要坚持党对军队的绝对领导，坚决听从党中央、中央军委指挥，贯彻党的指示，执行党的命令，始终保持坚定正确的政治方向；坚定地站在党的立场上，依据党的理论和路线方针政策来认识问题、处理矛盾、推动工作；旗帜鲜明地抵制和反对各种错误思想，勇于揭露和纠正工作中的缺点错误，坚决同消极腐败现象作斗争；坚持党的思想路线，在研究新情况、解决新问题中不断推进军队政治工作创新发展；严格遵守党的纪律和规矩，按照政治工作的各项法规制度办事，依法指导和开展政治工作，保证政治工作有序有效运行。

二、严谨的科学性

军队政治工作具有严谨的科学性，主要表现在：有科学的理论指导，就是有马克思主义及其中国化时代化成果作为其坚实的理论基础，有党的军事指导理论作为其直接的理论依据，同时广泛借鉴吸收其他相关理论和知识，从而为其提供科学的世界观方法论和厚实的学理支撑。有系统完整的内容，就是坚持用革命的进步的精神贯注部队，用严密的组织团结凝聚官兵，形成一整套完备的工作内容体系。有健全完善的制度，就是我军在长期斗争实践中建立和完善的一整套组织领导制度，即军队最高领导权和指挥权属于党中央、中央军委，中央军委实行主席负责制；实行党委制、政治委员制、政治机关制；实行党委（支部）统一的集体领导下的首长分工负责制；实行支部建在连上。有优良的作风和科学的方法，就是坚持实事求是和群众路线，紧贴时代发展和使命任务，一切从部队和官兵实际出发，采取科学管用的方法手段，保证政治工作的针对性和有效性。

军队政治工作之所以具有科学性，从根本上讲是由党的先进性所决定的。我们党是马克思主义政党，是人类历史上最先进的政党组织，代表了中国最广大人民根本利益，能够正确认识和把握社会发展规律，团结带领全国各族人民实现中华民族伟大复兴，最终实现共产主义崇高理想。党的这种无可比拟的先进性，决定了作为党的工作的政治工作必然具有内在的科学性。军队政治工作只有坚持科学性，自觉按客观规律办事，才能始终保持强劲的发展动力，不断提高质量效果，真正担负起党所赋予的使命任务。

军队政治工作的科学性特征，要求必须坚持解放思想、实事求是、与时俱进、求真务实，贯彻"六个必须坚持"①，端正工作指导思想，防止和克服形式主义和官僚主义；注重紧跟时代步伐，加强对政治工作新情况新问题的研究，探索新时代开展政治工作的有效方法；聚焦备战打仗，探索政治工作服务保证战斗力建设的作用机理；完善和落实政治工作法规制度，改进工作指导方式，坚持科学决策、科学实施、科学评估；主动自觉地运用现代科学技术，提高政

---

① "六个必须坚持"，指必须坚持人民至上，必须坚持自信自立，必须坚持守正创新，必须坚持问题导向，必须坚持系统观念，必须坚持胸怀天下。

治工作的质量和实效。

三、广泛的群众性

军队政治工作具有广泛的群众性，主要表现在：工作对象不仅覆盖我军所有领域的各级各类人员，而且包括地方群众以及与军事行动有关的其他军队人员；工作过程由全体官兵普遍参与，人人都在其中发挥主体作用；工作经验源于广大官兵的探索和创造，成效接受广大官兵的实践检验和评价。

军队政治工作的群众性，是人民军队根本宗旨的内在要求，是党的群众路线在军队政治工作中的贯彻和体现。邓小平指出："军队的政治思想工作，军队所有的军事人员、政治人员都要做。"[①] 在我军，政治工作从来是党委领导，首长亲自动手，各个机关部门齐抓共管，政治工作骨干队伍、团支部、军人委员会及广大官兵共同参与。军队政治工作只有坚持群众性，才能提高动员和组织官兵的效能，增强生机活力，发挥出应有的作用和威力。

军队政治工作的群众性特征，要求必须坚持以人民为中心的工作导向，强化群众观点，站稳群众立场，贯彻群众路线，在思想上尊重官兵、感情上贴近官兵、工作上依靠官兵，从广大官兵中汲取智慧和力量；坚定地相信和依靠广大官兵，充分尊重官兵的主体地位和首创精神，善于发动官兵人人都来做政治工作；注重启发群众自觉，引导官兵自我教育、自我提高；坚持深入基层、深入群众，搞好调查研究，倾听官兵呼声；巩固和发展新时代的军政军民关系，把部队、社会、家庭衔接起来，把军内军外、网上网下结合起来，形成全方位、宽领域、军民融合的政治工作格局。

四、全面的渗透性

军队政治工作具有全面的渗透性，主要表现在：政治工作以全部军事实践为舞台，渗透到军队现代化建设各领域，贯穿于部队作战、训练和执行各项任务全过程；以广大官兵的具体活动为载体，融入官兵学习、工作、生活的各个方面，深入到官兵思想、心理和行为之中。

军队政治工作的渗透性，是军队政治工作必须与军队使命任务相适应、与工作对象实际相符合的内在要求，是军队政治工作发挥服务保证作用的主要方

---

① 《邓小平文选》第二卷，人民出版社1994年版，第290页。

式。军队政治工作不能脱离其他工作孤立进行，否则就会失去服务保证的对象和载体，失去自身存在的价值；其他工作也离不开政治工作的服务保证，没有政治工作的贯穿渗透，就会失去可靠政治保证、强大精神动力和有力人才支持。军队政治工作只有坚持渗透性，才能把服务保证作用真正落到实处。

军队政治工作的渗透性特征，要求必须紧紧围绕军队的中心工作，结合官兵实际，深入各项业务工作和具体任务之中，实现全员全程全方位贯穿渗透；坚持深入基层，深入作战、训练和执行任务第一线，做到哪里有任务、哪里有官兵，哪里就有政治工作；政治干部要自觉学习军事、钻研业务，增强结合各项业务工作和具体任务开展政治工作的本领；注重发挥其他干部、士兵骨干和文职人员的业务技术优势，发动和依靠他们做政治工作，使政治工作与各项业务工作更好地融合起来。

思考题：

1. 如何理解军队政治工作的实质？
2. 军队政治工作的特征及其要求有哪些？

第三章　军队政治工作的地位作用

军队政治工作的地位作用，是指政治工作在军队建设中所处的位置及其产生的影响和效果。军队政治工作是构成军队战斗力的重要因素，是实现党对军队绝对领导和军队履行职能使命的根本保证，是我军的生命线。深刻认识和准确把握军队政治工作的这一重要地位和重大作用，对于加强新时代军队政治工作，充分发挥军队政治工作的独特优势，具有十分重要的意义。

第一节　政治工作是我军的生命线

"生命线"是指保证事物生存和发展的根本因素，无此则事物的生存和发展就会受到影响甚至发生质变。政治工作是我军的生命线，是党在领导军队建设的长期实践中得出的科学结论，是对我军政治工作地位作用的生动比喻和形象概括。

一、"生命线"论断的提出及演进

"政治工作是我军的生命线"的论断，有一个提出、形成与发展的历史过程。

我们党历来重视军队政治工作，始终把它放在生命线的高度加以强调。早在大革命时期，中国共产党人在黄埔军校、国民革命军和国民军中开展政治工作时，就初步认识到军队政治工作的重要作用。南昌起义后，党在创建工农红军和革命根据地的过程中，进一步认识到军队政治工作的重要性，相继提出了一系列关于军队政治工作地位作用的重要思想。"生命线"论断最早见诸 1932 年 7 月中共中央《给中区中央局及苏区闽赣两省委信》。信中指出："政治工作在红军中有决定的意义，每一个红军战斗员不仅要能够有充分的军事技术……而且最重要的是脑子的武装。必须充实现有军队中的政治工作，实现中央政治工作条例，政治工作不是附带的，而是红军的生命线。"① 1934 年 2 月召开的

---

① 《中国人民解放军政治工作历史资料选编》第二册，解放军出版社 2002 年版，第 174 页。

中国工农红军第一次全国政治工作会议，进一步重申和强调了这一思想，指出"政治工作是我们红军的生命线，一切战争如果没有政治工作的保障是不能达到任务的"①。1938 年 1 月，周恩来在《抗战军队的政治工作》一文中指出："以革命主义为基础的革命政治工作是一切革命军队的生命线与灵魂"。同年，《国民革命军第十八集团军政治工作暂行条例（草案）》把"政治工作是革命军队中的生命线"首次写入条例。1944 年 4 月，《关于军队政治工作问题》的报告从理论与实践的结合上阐明了政治工作是我军生命线的科学含义。毛泽东在这个报告上作了多处重要修改，其中之一就是增写了"我们认为政治工作是我们军队的生命线，无此则不是真正的革命军队"。1946 年 10 月，毛泽东在为党中央起草的党内指示《三个月总结》中明确要求，"一切军队必须加强政治工作"②。1954 年 4 月，他又在新中国成立后第一部政治工作条例送审稿上亲笔写道：中国共产党在中国人民解放军中的政治工作是我军的生命线。此后，历次修订颁布的军队政治工作条例，都坚持和强调这一论断。1981 年 6 月，党的十一届六中全会通过的《关于建国以来党的若干历史问题的决议》，把"生命线"思想作为毛泽东思想的重要内容加以肯定。1987 年 1 月，中央军委《关于新时期军队政治工作的决定》明确："中国共产党在人民解放军中的政治工作，是我军的生命线。通过强有力的政治工作，把进步的政治精神贯注于军队之中，是人民军队区别于其他军队的显著特点之一，是我军的真正优势。"2014 年 10 月，习近平在古田全军政治工作会议上，站在政治和时代的高度，突出强调"共产党领导的革命的政治工作是革命军队的生命线"，进一步深刻揭示了生命线的实质，科学阐发了生命线的重大意义，使生命线理论得到丰富、拓展和完善。

二、"生命线"论断的含义与依据

政治工作是我军的生命线，具有深刻含义和科学的理论依据。

"生命线"的含义主要包括两个方面。一是政治工作直接关系到党对军队绝对领导，关系到人民军队的性质、宗旨、本色，离开它，我军就会失去正确方向。党通过开展思想工作和组织工作，保证军队坚定不移地贯彻执行党的理

---

① 《中国人民解放军政治工作历史资料选编》第二册，解放军出版社 2002 年版，第 617 页。
② 《毛泽东选集》第四卷，人民出版社 1991 年版，第 1208 页。

论和路线方针政策，为实现党的政治目的服务。没有政治工作，我军就不可能保持坚定正确的政治方向，就会偏离正确轨道。二是政治工作对激发官兵的积极性创造性和保证军队高度集中统一有重要作用，离开它，我军战斗力的提高和各项任务的完成就会失去精神动力和组织保证。党通过开展思想工作和组织工作，保证部队具有高昂的士气和顽强的战斗精神，保证部队组织上的纯洁和巩固。没有政治工作，我军就不可能所向披靡、克敌制胜，有效履行党和人民赋予的使命任务。政治工作是我军的生命线，说到底，就在于政治工作是保证我军政治归属和职能发挥的前提和基础，是维系我军政治生命和职能使命的基本要素。我军的历史雄辩地证明，政治工作是我军的看家本领，是我军的最大特色、最大优势，它关系着我军的强弱、胜败、生存和发展，什么时候重视和加强政治工作，我军就能顺利发展、赢得胜利；什么时候忽视和削弱政治工作，我军就会遇到挫折、遭受损失。

　　"生命线"论断建立在马克思主义基本原理的基础上。首先，符合物质与精神相互关系的原理。马克思主义认为，物质决定精神，精神对物质具有能动的反作用。要发挥精神对物质的能动反作用，就必须用先进思想武装人们头脑，指导人们行动。军队政治工作的基本任务之一，就是用先进思想和科学理论宣传群众、组织群众，提高官兵思想觉悟，激发官兵积极性和创造性，促使精神力量转化为推动军队建设的物质力量，转化为现实的战斗力。离开政治工作，军队建设就不可能有不竭的精神动力，部队战斗力也会失去重要源泉。其次，符合政治与军事相互关系的原理。马克思主义认为，政治决定军事，军事为政治服务，政治工作是保证军事为政治服务的途径和手段。离开政治工作，党的政治目的和政治任务便无法通过军事来实现，军事也会失去正确的政治方向。随着战争形态和作战样式的演变，军事与政治的联系更加紧密、更为频繁，政治军事仗的特征更加突出，政治工作的地位作用也更为凸显。再次，符合人是战争胜负决定因素的原理。马克思主义认为，最终决定战争胜负的因素是人而不是物；人的因素不仅是人的数量，更重要的是人的素质和精神状态。人是战争中武器装备的使用者、作战方法的创造者、军事行动的实践者，人的综合素质和精神状态，对战斗力的形成和发挥具有重要影响。政治工作是提高官兵素质、促进人和武器的有效结合的主要手段，离开政治工作，就不可能达到有效发挥人的因素的目的。在战争制胜机理问题上，人是决定因素。无论时代条件如何发展，战争形态如何演变，这一条永远不会变。

政治工作的生命线地位作用寓于服务保证之中。我们党从建军之日起，就坚持围绕党和军队的中心任务发挥政治工作的服务保证作用，各种法规制度都强调政治工作要服务保证党对军队绝对领导和军队使命任务完成。1987 年 1 月，中央军委《关于新时期军队政治工作的决定》明确了新时期军队政治工作的基本指导思想是"两个服务、四个保证"，强调"政治工作是我军的生命线就具体体现在上述的服务和保证之中"。2014 年，习近平在古田全军政治工作会议上的讲话中指出，"随着我军使命任务不断拓展，政治工作服务保证的领域和功能也要相应拓展"，要求"按照打赢信息化局部战争要求，探索政治工作服务保证战斗力建设的作用机理"。会议通过的《关于新形势下军队政治工作若干问题的决定》强调，政治工作必须在强化服务保证中彰显威力。2020 年 12 月颁发的《军队政治工作条例》把"坚持围绕党和军队中心任务发挥服务保证作用"作为我军政治工作必须坚持的原则之一。历史和实践证明，政治工作是我军的生命线与政治工作的服务保证作用，从根本上说是一致的。只有把政治工作的生命线地位作用与服务保证作用有机统一起来，并把服务保证渗透和贯彻到军队建设各领域、全过程，政治工作才能保持和展示出强大生命力。

三、生命线的重大意义

我们党之所以得出"政治工作是我军的生命线"的科学论断，从根本上说源于政治工作在长期实践中对于建设新型人民军队、提高战斗力、保证军队使命任务完成所发挥的不可替代的重要作用。建军以来，我军之所以能够在极其艰难困苦的条件下成长壮大，克服一切艰难险阻，战胜一切强大敌人，一个根本原因，就是党在军队中建立了强有力的政治工作，并始终不渝地坚持其生命线的地位作用不动摇。生命线的这种重大意义，主要体现在以下三个方面。

实行革命的政治工作，保证了我军始终是党的绝对领导下的革命军队。我军作为执行党的政治任务的武装集团，要成为党绝对领导下的革命军队，必须始终不渝地坚持党的绝对领导，坚定不移听党话、跟党走，做到党指向哪里就打到哪里。如果做不到这一条，我军不可能发展壮大，党领导的革命、建设、改革事业也不可能取得胜利。为了保证党对军队的绝对领导，我们党在军队各级建立了党的组织，党的领导直达基层、直达士兵。党领导军队的一整套制度，越是在重大考验面前越能显现作用。历史证明，只要始终重视发挥政治工作的生命线地位作用，始终坚持党领导军队的一整套根本原则和制度，就能

"任凭风浪起，稳坐钓鱼船"。

实行革命的政治工作，为我军战胜强大敌人和艰难险阻提供了不竭力量。在长期实践中，我军通过开展广泛深入的政治工作，使部队保持了高昂的士气和顽强的战斗精神。正是靠着"革命理想高于天"的坚定信念，靠着压倒一切敌人而不被任何敌人所压倒、征服一切困难而不被任何困难所征服的革命精神，我军完成了世所罕见的万里长征，以"小米加步枪"打败了美式装备的国民党军队，在朝鲜战场打败了武装到牙齿的世界头号强敌，演出了一幕幕威武雄壮的战争活剧，创造了一个个惊天地、泣鬼神的英雄壮举。在长期革命斗争中，我军数以百万计的将士献出了生命，涌现了无数英模人物和英雄群体。只要还有一个人，就要同敌人血战到底，这是人民军队的信条。历史证明，我军之所以能够战胜一切困难和强大敌人，一个重要原因就是通过强有力的政治工作，拥有了战斗精神这个重要法宝。

实行革命的政治工作，使我军始终保持了人民军队的本色和作风。我军作为无产阶级性质的新型人民军队，始终同人民站在一起，始终全心全意为人民服务。为保持人民军队的本色和作风，我军从一开始就建立了严明的群众纪律，军之所至，秋毫无犯，"三大纪律、八项注意"影响和教育了一代又一代官兵。我军历来强调官兵一致，在政治上完全平等，在生活上同甘共苦，形成区别于旧军队的新型官兵关系，使军队就像一个大熔炉，把农民、旧军人、俘虏兵熔化改造成为英勇的革命战士。我军之所以保持了艰苦奋斗的政治本色，没有成为"李自成第二"，从根本上说是用艰苦奋斗精神教育官兵的结果。历史证明，通过开展革命的政治工作，把党的性质宗旨、本色作风植入军队血脉，确保了我军始终是无产阶级性质的新型人民军队。

第二节　政治工作是构成军队战斗力的重要因素

政治工作是构成军队战斗力的重要因素，这是对军队政治工作重要地位作用的深刻揭示和准确阐发。军队政治工作无论是对我军战斗力的形成和发挥，还是对敌军战斗力的削弱和瓦解，都具有十分重要的作用。

一、政治工作对我军战斗力的形成和发挥具有重要作用

军队战斗力，是指军队履行根本职能的能力，包括军队在战时所表现出的

作战能力和平时所表现出来的威慑能力以及完成非战争军事行动任务的能力。其中作战能力是战斗力的核心内容，是军队战斗力的主体。构成军队战斗力的基本要素是人、武器装备，以及人与武器装备的结合方式。对这三者产生影响作用的，既包括体制编制、军事理论、战略战术、科学技术、组织指挥、军事训练、教育管理、战备水平、作风纪律、物质保障，也包括军队政治工作。政治工作主要通过直接改变人的因素来影响军队战斗力，同时也通过改变战斗力的其他相关因素来影响战斗力。

我军战斗力的形成需要政治工作提供全面和强有力的服务保证。人的因素的改变离不开军队政治工作。官兵理想信念和人生观价值观的形成、战斗热情和高昂士气的激发，归根结底要靠思想政治教育和精神激励，靠各级党组织的引导和凝聚，靠各级领导干部特别是政治干部的言传身教。离开了政治工作，官兵思想政治素质、科学文化素质、军事专业素质、身体心理素质就不可能得到优化和提高，人的因素的充分发挥就会缺少必要支撑，军队战斗力的生成也就失去了最重要的源泉和动力。军事理论的产生和运用离不开军队政治工作。科学的军事理论就是战斗力，一支强大的军队，必须有科学的军事理论作指导，如果不能在军事理论上高人一等，就难以抢占制胜先机。而军事理论是要由人来创造、发展、掌握和运用的，只有通过军队政治工作教育引导官兵深刻认清军事理论的极端重要性，教育引导官兵刻苦学习钻研军事理论，大兴研究军事、研究战争、研究打仗之风，积极探索构建和完整准确掌握适应未来战争需要的先进军事理论体系，才能使军事理论这一因素得到有效发挥，使军队始终在正确的军事理论指导下战斗和行动，从而形成强大的战斗力。科学技术的发明及其在军事领域的运用，同样离不开军队政治工作。科学技术是核心战斗力，是军事发展中最活跃、最具革命性的因素，尤其是当今时代，科学技术更加直接地决定着武器装备的性能和威力，更加全面、深刻地影响到国家安全、军事战略全局和军队建设发展。而科学技术同样源自于人、取决于人、受制于人。需要通过政治工作，强化全军官兵的科技意识，教育引导官兵树牢科技强军理念，贯彻科技强军战略，以高昂的热情学习钻研现代军事高科技知识，提高自身的科技素养；坚持科技练兵、科技兴训，使官兵熟练掌握使用武器装备；增强官兵的科技创新意识，提高自主创新能力；抓好军事科技创新人才培养，更好地实现人与武器的有效结合，使军队战斗力得到提高。

二、政治工作能够削弱和瓦解敌军战斗力

在军事斗争中，军队战斗力的高低强弱是一个相对概念，是敌我双方战斗力相互比较、对抗之后的结果。它既包括我军战斗力的状况，也包括敌军战斗力的状况。理论和实践都充分证明，政治工作不仅对我军战斗力的形成和发挥具有重要作用，而且能够直接削弱和瓦解敌军战斗力。政治工作可以动摇敌军的政治认知。通过对敌军开展强有力政治攻势，使敌军官兵认识到其发动战争的非正义性，从根本上丧失军心士气。政治工作可以瓦解敌军的组织结构。通过采取各种措施和手段，从组织上分化敌军，使敌军内部组织结构涣散，互不信任、互不配合，争取敌军官兵反战、怠战，放下武器，停止抵抗，使之投诚起义，脱离反动营垒。政治工作可以改变敌军的心理状态。通过配合军事打击，利用各种传媒对敌军施加心理影响，使敌军官兵产生恐惧、惊慌、怯战、畏战等消极心理，削弱和摧毁其作战意志；通过实行宽待俘虏政策，使敌军官兵对我产生情感认同，主动弃暗投明。

通过政治工作分化瓦解敌军，是我军的优良传统和特有的政治优势。从建军开始，我军就高度重视对敌开展强有力的政治攻势，形成了独具特色的瓦解敌军工作，成为人民军队克敌制胜的重要法宝。毛泽东指出："我们的胜利不但是依靠我军的作战，而且依靠敌军的瓦解。"① 仅解放战争时期，因受我军政治攻势影响，800多万国民党军队就有高达230多万人投诚、起义、接受和平改编，大大加快了中国人民解放的进程。我军政治工作之所以有如此巨大威力，从根本上讲是因为我军所进行的战争具有正义性，在政治上和道义上占据着制高点；而敌方所进行的战争具有非正义性，其内部存在根本利益的冲突和不可克服的矛盾。通过开展政治工作削弱和瓦解敌军战斗力，具有内在的必然性和充分的可能性。

随着战争形态由机械化向信息化和智能化方向转变，战争日趋在认知域展开和深化，瓦解敌军有了新的意义、内涵和要求，政治工作打击、削弱、分化、瓦解敌军战斗力的作用更加凸显。一方面，敌对双方较量更加注重摧毁敌方军民抵抗意志，不战而屈人之兵或小战而屈人之兵，成为现代战争的最优选择。在这种背景下，征服对方的精神、意志与心理，越来越成为战争制胜的重要途径。另一方面，现代科学技术特别是人工智能、信息技术在军事上的广泛

---

① 《毛泽东选集》第二卷，人民出版社1991年版，第379页。

运用，为政治工作发挥削弱和瓦解敌军战斗力的功能提供了更加有力的支撑和更为广阔的空间。舆论战、心理战、法律战作为政治工作削弱和瓦解敌军战斗力的重要载体，已成为联合作战的重要组成部分和行动样式。军队政治工作通过开展舆论战，综合运用各种传媒手段和信息资源，有计划、有步骤地引导舆论，可以为争取政治主动和军事胜利营造有利的舆论环境；通过开展心理战，综合运用心理宣传、心理威慑、心理干扰等手段，可以显著削弱和有效瓦解敌方作战意志；通过开展法律战，采用"先法后兵、兵以法行、兵止法进"，可以做到"师出有名、师出以律"，夺取军事斗争的法理优势。总之，政治工作通过这些行动，对敌军的战斗力产生不可忽视、不可低估的重要影响。从这个意义上讲，政治工作本身具有作战功能，是构成军队总体战斗力的重要因素。

第三节　政治工作是实现党对军队绝对领导和军队履行职能使命的根本保证

为实现党对军队绝对领导和军队履行职能使命提供根本保证，是我军政治工作最重要的任务、最核心的使命，也是其地位作用最主要的体现。

一、政治工作是实现党对军队绝对领导的根本保证

坚持党对军队的绝对领导，是我军的建军之本、强军之魂，是我国的基本军事制度和中国特色社会主义政治制度的重要组成部分，也是新时代坚持和发展中国特色社会主义的基本方略之一。在实现党对军队绝对领导的问题上，政治工作起着根本保证作用。

政治工作通过执行党的政治纲领、政治主张和路线方针政策，强化官兵听党指挥的政治自觉和行动自觉，确保我军始终保持坚定正确的政治方向，确保政令军令畅通和部队高度集中统一。我军是党缔造的，一诞生便与党紧紧地联系在一起，始终在党的绝对领导下行动和战斗。习近平深刻指出，"党的领导，是人民军队始终保持强大的凝聚力、向心力、创造力、战斗力的根本保证"[①]，"我军之所以能够战胜各种艰难困苦、不断从胜利走向胜利，最根本的就是坚

---

① 《习近平谈治国理政》第二卷，外文出版社 2017 年版，第 415 页。

定不移听党话、跟党走。这是我军的军魂和命根子，永远不能变，永远不能丢"①。建军以来，我军政治工作以鲜明的党性原则和扎实有力的举措，保证了全军官兵始终听党指挥，无条件地坚决执行党中央、中央军委的命令指示，经受住了各种政治风浪的考验，发挥出人民民主专政的坚强柱石作用，成为体现党和国家政治优势的重要力量。进入新时代，我军政治工作把人民军队由谁领导、听谁指挥作为首要政治问题，毫不动摇地坚持党对军队绝对领导的根本原则和制度，全面深入贯彻军委主席负责制，全面彻底肃清郭伯雄、徐才厚、房峰辉、张阳流毒影响，确保全军官兵不断增强政治敏锐性和政治鉴别力，始终保持政治清醒和政治定力，自觉在政治立场、政治方向、政治原则、政治道路上同以习近平同志为核心的党中央保持高度一致，坚决听从党中央、中央军委和习主席指挥。

政治工作通过用党的科学理论和进步精神贯注部队，坚定官兵理想信念，确保全军上下深扎听党指挥的思想根子。理想信念是最重要的思想引领，有了坚定的理想信念，站位就高了，眼界就宽了，就能坚持正确的政治方向，在胜利和顺境时不骄傲、不急躁，在困难和逆境时不消沉、不动摇，经受住各种风险和困难考验，自觉抵御各种腐朽思想的侵蚀。建军之初，如何把一支以农民为主要成分的军队改造成为新型人民军队，是党和军队面临的紧迫问题。正是靠着政治训练和思想教育，将进步的政治精神贯注于军队，才极大提高了官兵阶级觉悟和革命热情，确保了人民军队的性质、宗旨和本色。1945 年 4 月，毛泽东在党的七大上指出："掌握思想教育，是团结全党进行伟大政治斗争的中心环节。"② 进入新时代，我军的使命任务、官兵成分虽然发生了很大变化，但思想领先的原理没有变、思想教育的铸魂作用没有变。面对意识形态领域尖锐复杂斗争，必须坚持用党的创新理论凝心铸魂，使全军官兵掌握强大的思想武器，打牢理想信念的思想根基，确保在大是大非面前旗帜鲜明，在各种风浪考验面前坚如磐石，在各种诱惑面前不为所惑。

政治工作通过加强党的组织建设和干部人才队伍建设，健全完善组织体系和制度体系，强化组织功能及其优势，确保各级党组织充分发挥领导功能，确保枪杆子永远掌握在忠于党的可靠的人手中。党对军队的绝对领导是有一整套

---

① 习近平：《加强党史军史和光荣传统教育　确保官兵永远听党话、跟党走》，《求是》2021 年第 15 期。

② 《毛泽东选集》第三卷，人民出版社 1991 年版，第 1094 页。

组织体系和制度体系作保证的，这套组织体系和制度体系，是我们党在长期领导人民军队实践中探索总结出来的，构成了一个科学严密的链条，为党对军队实施绝对领导提供了坚强组织和制度保证。军队政治工作通过加强各级党组织建设，选拔培养任用各级各类干部特别是领导干部，培养德才兼备的高素质、专业化新型军事人才，确保军队永远听党话、跟党走。

政治工作通过培塑法治信仰和法治思维，强化尊崇法治的思维理念，增强依法办事的素质能力，培育厉行法治的文化风尚，推动治军方式"三个根本性转变"①，以法治强制力确保党指挥枪原则落地生根。实践证明，把党关于国防和军队建设主张和建军治军决策部署贯彻落实好，才能确保全军部队令行禁止、步调一致，一切行动听从党中央、中央军委和习主席指挥。军队越是现代化，越是信息化，越是要法治化，必须把法治教育训练纳入部队教育训练体系，通过宣传教育、实践养成、文化熏陶等方式，引导广大官兵把法治思维作为基本思维立起来，把法治方式作为行为方式立起来，把法规执行作为刚性要求立起来，切实做坚持党对军队绝对领导根本原则和制度的忠实崇尚者、自觉遵守者、坚定捍卫者。

二、政治工作是军队履行职能使命的根本保证

军队的职能使命，是政党、国家赋予军队的历史责任和根本任务，规定着军队建设的发展方向、奋斗目标和指导原则。我军政治工作的地位作用，既体现在为党对军队绝对领导提供根本保证上，也体现在为军队有效履行职能使命提供根本保证上，这种保证主要通过三个途径来实现。一是通过坚决贯彻落实党中央、中央军委指示要求和决策部署，确保履行职能使命的正确政治方向。政治工作要加强党的理论和路线方针政策学习教育，使广大官兵真正理解领悟党中央、中央军委指示要求的意图和精髓，强化内在认同，增强贯彻落实的自觉性和坚定性；坚持政治引领，把广大官兵的思想和行动统一到党中央、中央军委的决策部署上来，确保各项工作沿着党指引的方向前进。二是通过对我军职能使命的宣传教育和思想发动，增强官兵履职尽责的使命感责任感。政治工作要加强马克思主义战争观和我军根本职能教育，使官兵切实弄清为谁扛枪、

---

① "三个根本性转变"，指从单纯依靠行政命令的做法向依法行政的根本性转变，从单纯靠习惯和经验开展工作的方式向依靠法规和制度开展工作的根本性转变，从突击式、运动式抓工作的方式向按条令条例办事的根本性转变。

为谁打仗，当兵干什么、练兵为什么等根本问题；大力培育一不怕苦、二不怕死的战斗精神，激发敢于斗争、敢于胜利的血性胆魄，保持旺盛革命热情和高昂战斗意志，时刻准备为祖国和人民去战斗。三是通过发挥各级党组织、广大党员和领导干部的作用，影响和带动部队完成职能使命。政治工作要充分发挥党委统一领导作用，使部队各方面建设、各项工作紧紧围绕军队的职能使命任务来展开和运行，确保决策和指挥的正确、权威和高效；充分发挥基层党委和党支部的战斗堡垒作用，把广大官兵紧密团结在党组织周围，保证党的意志主张得到坚决贯彻、作战任务圆满完成；充分发挥党员干部的先锋模范作用，影响和带动群众坚决完成各项任务。

　　在不同历史时期，我军的根本职能和使命任务都是十分明确的。习近平深刻指出，"我军根本职能是打仗"①，"人民军队永远是战斗队，人民军队的生命力在于战斗力"②。战争年代，我军主要担负"战斗队、工作队、生产队"三大任务。新中国第一部宪法明确规定，中华人民共和国的武装力量要"保卫人民革命和国家建设的成果，保卫国家的主权、领土完整和安全"③。现行宪法规定，我军的任务是"巩固国防，抵抗侵略，保卫祖国，保卫人民的和平劳动，参加国家建设事业，努力为人民服务"④。新时代党和人民赋予人民军队的使命任务，就是为巩固中国共产党领导和我国社会主义制度提供战略支撑，为捍卫国家主权、统一、领土完整提供战略支撑，为维护国家海外利益提供战略支撑，为促进世界和平与发展提供战略支撑，这是支撑中华民族伟大复兴的战略要求，也是我军的全部价值之所在。有效履行新时代军队使命任务，离不开政治工作的根本保证作用。政治工作要着力强化官兵的军魂意识，深刻认识我军在巩固党的长期执政地位、保证社会主义红色江山永不变色中的特殊重要地位和作用，坚定站在党的旗帜下，坚决维护国家的政权安全、制度安全、意识形态安全，坚决维护政治社会大局稳定；要着力强化官兵的国防意识，牢固树立献身国防和军队建设的思想，增强备战打仗的紧迫感、责任感，做好随时打大仗硬仗的准备，坚决捍卫国家核心利益，履行好维护国家主权、安全、发展利益的神圣职责；要着力强化官兵的国家利益意识，关注和维护国家的生存利

---

① 《习近平著作选读》第一卷，人民出版社 2023 年版，第 314 页。
② 《习近平著作选读》第一卷，人民出版社 2023 年版，第 626 页。
③ 《中华人民共和国宪法》，人民出版社 1954 年版，第 9 页。
④ 《中华人民共和国宪法》，人民出版社 2018 年版，第 19 页。

益、发展利益和安全利益，深化对新时代军事战略方针的理解认同，不断增强在更广阔的空间遂行多样化军事任务的能力，努力形成强有力的海外利益安全保障体系；要着力强化官兵的国际战略意识，深刻理解人类命运共同体理念，引导官兵用世界眼光、战略视野观察和处理军事问题，适应构建人类命运共同体的战略要求，积极履行同我国国际地位相称的责任和义务，有效塑造态势、管控危机、遏制战争、打赢战争，为维护世界和平与发展发挥更大作用。

思考题：

1. 政治工作是我军的生命线的重大意义主要体现在哪些方面？
2. 为什么说政治工作是构成战斗力的重要因素？

第四章　军队政治工作的基本规律

规律是事物及其发展过程中固有的、本质的必然联系，反映着事物的本质特征和发展趋势。军队政治工作的基本规律，反映了军队政治工作的本质特征及其运行过程中各要素之间的内在联系，集中体现为军队政治工作与党的理论和路线方针政策相一致、与时代发展变化相同步、与军队使命任务相适应、与工作对象实际相符合。军队政治工作要保持正确方向、有效开展和实现根本目的，必须正确认识和自觉遵循这些基本规律。

第一节　军队政治工作与党的理论和路线方针政策相一致的规律

军队政治工作与党的理论和路线方针政策相一致的规律，揭示了军队政治工作与党的理论和路线方针政策之间的内在联系，反映了我军政治工作最本质的特征和要求。这一规律的基本含义是：党的理论和路线方针政策决定军队政治工作的方向和任务；军队政治工作必须保证党的理论和路线方针政策在军队的贯彻执行。

一、党的理论和路线方针政策决定军队政治工作的方向和任务

党的理论和路线方针政策引领军队政治工作的方向。党的理论蕴含着马克思主义的科学世界观和方法论，是党全部实践活动的理论基础和科学指南。党的路线方针政策，是党在一定历史时期，为实现使命任务、发挥领导作用，所提出和制定的指导原则和行动规范。党的理论和路线方针政策深刻体现了党的性质、宗旨，反映了党在不同历史时期的政治方向、使命任务及其客观要求，是党进行各项实践活动的根本遵循。我军是党缔造和领导的人民军队，是执行党的政治任务的武装集团，自诞生之日起就在党的旗帜下行动和战斗。军队政治工作作为党领导和掌握军队的工作，必然要与党的理论和路线方针政策保持高度一致，为贯彻执行党的理论和路线方针政策服务。

党的理论和路线方针政策历来是军队政治工作的基本依据。党的理论是制

定党的路线方针政策的基础，路线方针政策是党的理论的具体运用和集中体现。我军自创建以来，就把党的理论和路线方针政策作为开展政治工作的依据，以坚决贯彻执行党的理论和路线方针政策为己任。土地革命战争时期，我们党制定了实行土地革命、武装反抗国民党反动统治的政治路线和一系列方针政策。为此，在军队中开展革命的政治工作，实施马克思列宁主义教育和阶级教育，使红军指战员认识到自己的政治责任，明白为谁当兵、为谁打仗的道理，使党的理论和路线方针政策在红军中得到有效贯彻执行，成为当时军队政治工作的方向和任务。抗日战争时期，中日民族矛盾上升为中国社会的主要矛盾，我们党制定了实行国共合作、建立抗日民族统一战线、在党的领导下依靠全民族力量打败日本侵略者的路线方针政策。这一时期军队政治工作的方向和任务，是在中日民族矛盾和国内阶级矛盾错综复杂的情况下，确保党对人民军队的独立领导，最大限度地动员和激发官兵的抗战热情，团结友军和一切可以团结的力量与日本侵略者作战。解放战争时期，我们党制定了打败蒋介石、解放全中国，建立人民当家作主的新中国的大政方针。军队政治工作深入进行思想教育和政治动员，使全体官兵认清国民党统治集团的反动本质，认清中国人民和中华民族的前途命运和希望所在，坚定将革命进行到底的决心和意志。新中国成立后，我们党制定了过渡时期总路线，提出了开展全面的大规模的社会主义建设的路线方针政策。军队政治工作组织官兵学习马克思列宁主义、毛泽东思想的基本理论，深入开展过渡时期总路线和党的八大精神宣传教育，进行"三大改造"教育，有力地保证了党的路线方针政策的贯彻执行。党的十一届三中全会后，我们党制定了社会主义初级阶段的基本路线，作出了实行改革开放和发展社会主义市场经济的重大决策。动员和组织广大官兵积极拥护支持改革、坚决服从和服务于社会主义现代化建设，努力为全面建设小康社会和构建社会主义和谐社会作贡献，成为当时军队政治工作的方向和任务。党的十八大以来，我们党提出实现中华民族伟大复兴的中国梦，以中国式现代化全面推进中华民族伟大复兴，统揽伟大斗争、伟大工程、伟大事业、伟大梦想，明确"五位一体"总体布局和"四个全面"战略布局。军队政治工作全面贯彻党的基本理论、基本路线、基本方略，围绕实现党在新时代的强军目标，围绕国防和军队现代化新"三步走"战略安排，教育引导广大官兵学习习近平强军思想、建功强军事业，把个人理想抱负融入强军梦。历史表明，坚持以党的理论和路线方针政策为依据，军队政治工作就会有正确的方向和目标，就会有明确的任务和要求，就会有强大的动力和旺盛的活力。

军队政治工作在任何时候都不能背离或偏移党的理论和路线方针政策。军队政治工作是为保证党对军队绝对领导而设立的，是围绕动员和组织全军官兵贯彻执行党的理论和路线方针政策而开展的。我军政治工作之所以能够从无到有，从创立到成熟，并且在革命、建设和改革中发挥了生命线作用，从根本上讲，都是党的理论和路线方针政策正确引领的结果。党在各个不同历史时期提出的科学理论和重大战略思想，以及制定的思想路线、政治路线、组织路线、军事路线和各项具体的方针政策，不仅引领中国的革命、建设和改革事业取得了重大胜利，而且也引领着军队政治工作不断创新发展，充满生机活力。军队政治工作无论在任何时候任何情况下，都必须无条件地与党的理论和路线方针政策保持高度一致，背离或偏移了党的理论和路线方针政策，军队政治工作就会成为无源之水、无本之木，就会失去正确方向，就难以科学确定和有效完成肩负的任务。

二、军队政治工作必须保证党的理论和路线方针政策在军队的贯彻执行

军队政治工作必须坚持用党的理论和路线方针政策统一全军思想。军队政治工作遵循与党的理论和路线方针政策相一致的规律，必须围绕贯彻执行党的理论和路线方针政策，做好深入细致扎实的思想教育工作，把官兵的思想认识统一到党的理论和路线方针政策上来，确保全军在思想上政治上行动上始终与党中央、中央军委保持高度一致，做到任何时候任何情况下都坚决听从党中央、中央军委指挥。要做到坚定自觉地贯彻执行党的理论和路线方针政策，必须坚持不懈地用马克思主义及其中国化时代化成果武装官兵，进行党的基本理论、基本路线、基本方略学习教育，引导广大官兵紧密联系新的历史条件下坚持和发展中国特色社会主义、全面建设社会主义现代化国家的实际，切实认识到党所提出和制定的路线方针政策的正确性和科学性，不断增强贯彻执行的自觉性和坚定性。在深入推进改革创新、坚定不移扩大开放的新形势下，必须把握官兵的思想脉搏，积极主动和有针对性地做好经常性思想工作，教育引导官兵增强大局观念，正确对待利益调整，真心拥护支持党的路线方针政策。

军队政治工作必须从组织上保证党的理论和路线方针政策得到全面落实。正确的思想路线、政治路线要靠组织路线来保证。军队政治工作要切实加强各

级党组织建设和干部队伍建设，强固政治品格，提高政治能力，加强政治监督，确保党的理论和路线方针政策在军队得到有效贯彻执行。要努力提高各级党组织和领导干部的政治判断力、政治领悟力、政治执行力。通过加强政治训练，使各级党组织和领导干部能够胸怀大局，牢记"国之大者"，深刻领悟和准确把握党中央的战略意图、决策指示、工作部署，做到结合实际工作融会贯通；能够自觉同党中央精神对表对标，切实做到向党中央看齐、向党的理论和路线方针政策看齐、向党中央决策部署看齐，做到党中央提倡的坚决响应，党中央决定的坚决执行，党中央禁止的坚决不做，使党的理论和路线方针政策得到不折不扣地贯彻落实。要加强对部队贯彻执行党的理论和路线方针政策情况的监督检查。把保证党的理论和路线方针政策在部队中得到有效贯彻执行作为各级党组织和纪检监察部门最重要的职责，对贯彻执行党的理论和路线方针政策情况认真进行监督检查，把贯彻军委主席负责制情况作为巡视巡察、监督执纪问责的重点突出出来，对那些贯彻执行不力，甚至对党的理论抵触质疑、对党的路线方针政策阳奉阴违的，要严肃问责、依规查处。

第二节　军队政治工作与时代发展相同步的规律

军队政治工作与时代发展相同步的规律，揭示了军队政治工作与时代条件之间的必然联系，反映了我军政治工作与时俱进的内在品质。这一规律的基本含义是：时代条件是开展军队政治工作的重要依据，军队政治工作必须紧贴时代发展来进行。

一、时代条件是开展军队政治工作的重要依据

时代条件对军队政治工作具有基础性影响和制约作用。时代是指依据特定标准划分的社会和事物发展的历史阶段。时代条件是构成一个时代的基本要素，反映了这个时代的基本特征，也是该时代所有实践活动包括军队政治工作在内所处的大环境。时代条件的内涵十分丰富，包括时代性质、时代背景、时代主题、时代要求、时代特征等诸多要素。军队政治工作作为一种生动具体的社会实践活动，必然要以一定的时代条件为依托。时代条件影响着军队政治工作目标任务的确立和方法途径的选择，是开展军队政治工作的基

本依据。军队政治工作与时代发展相同步，说到底，就是根据时代条件的发展变化，正确确定自身目标任务、方针原则和方法手段，实现政治工作的与时俱进。

不同的时代条件为我军政治工作提供了基本立足点。革命战争年代，我军在党的领导下，担负着开展武装斗争、推翻反动统治、夺取全国政权的任务，面对的敌人十分强大，所处的环境极其险恶，进行的斗争非常严酷，各种非无产阶级思想对官兵的影响十分突出。基于这样的时代条件，我军确立了党对军队绝对领导的根本原则和制度，创立和开展了革命的政治工作，坚持用无产阶级思想教育官兵，用进步的政治精神贯注部队，成功地把一支以农民为主要成分的军队改造成为无产阶级的新型人民军队；坚持一切为着前线的胜利，巩固和提高部队战斗力，有力地保证了革命战争胜利。新中国成立后，我们党取得了全国政权，我国进入了社会主义革命和建设的历史时期，我军担负着捍卫国家领土和主权完整，保卫人民和平劳动成果的神圣职责。基于这样的时代条件，军队政治工作继承发扬优良传统，加强党的领导，教育引导官兵积极参加国家的各项建设，努力建设现代化正规化革命军队，有力地保证了部队训练、战备、作战等任务的完成。系统进行军队政治工作的组织机构和法规制度建设，使政治工作自身实现了新的发展。党的十一届三中全会后，我们党作出了和平与发展是时代主题的科学判断，实现了党和国家工作中心向经济建设转移，军队建设也相应地转到和平时期建设的轨道上来，我军面临的形势任务、所处的社会环境、官兵的成分结构发生了重大变化。基于这样的时代条件，军队政治工作自觉服从服务于党和国家工作大局，适应改革开放和发展社会主义市场经济新形势，深入研究新时期军队政治工作的特点规律，积极探索新的历史条件下如何继承发扬我军优良传统和提高部队战斗力，采取了许多新的措施和办法，有力地保证我军经受住时代考验，做到打得赢、不变质。中国特色社会主义进入新时代，党和国家的历史方位发生了深刻变化，我国社会主要矛盾转化为人民日益增长的美好生活需要和不平衡不充分的发展之间的矛盾，中华民族伟大复兴战略全局和世界百年未有之大变局相互交织、深度互动，党团结带领人民实现了第一个百年奋斗目标，迈上了全面建设社会主义现代化国家、实现第二个百年奋斗目标的新征程。面对意识形态领域斗争尖锐复杂的新形势，面对社会主义市场经济条件下人们价值取向日益多元多样多变的新特点，面对信息网络深刻改变思想舆论环境的新趋势，面对国家和军队全面深化改革带来的新考验，面对军队现代化建设和使命任务拓展的新要求，面对长期相对和平环境给保持部队旺盛斗志提出的新课题，面对官兵成分结构和思想行为方式的新变化，全军紧紧围绕强军目标加强和改进政治工作，凝心铸魂，服务中心，正风肃纪，惩治腐败，强军兴军正能量不断汇聚，部队向心力、凝聚力不断增强。实践表明，军队政治工作只有坚持从时代条件出发，积极适应时代提出的新要求，才能充满生机活力，彰显强大威力。

二、军队政治工作必须紧贴时代发展来进行

军队政治工作必须紧贴时代发展加强统筹谋划。时代总是在向前发展，时代条件总是在不断变化，军队政治工作必须密切关注和紧跟这些发展变化，着力搞好宏观统筹和动态谋划。要站在战略全局高度，坚持整体和辩证思维，运用联系和发展的观点，善于从国际与国内的紧密联系和相互影响中，从政治、经济、军事、文化、社会等因素的紧密联系和相互影响中，了解时代条件，把握时代趋势，顺应时代潮流，正确确定军队政治工作的总体思路、工作重点、战略部署、具体工作。特别是要抓住那些对军队政治工作具有根本性、全局性、长远性影响的因素和条件，深入分析和揭示其发展变化与军队政治工作之间的关联和互动，积极探索应对的措施和办法。进入新时代，世界之变、时代之变、历史之变正以前所未有的方式展开，中国式现代化全面推进拓展，新发展格局加快构建，高质量发展成为全面建设社会主义现代化国家的首要任务，科教兴国战略、人才强国战略、创新驱动发展战略深入实施，国防和军队现代化加快推进，等等。军队政治工作必须把握这些时代背景、时代特征、时代要求，加强整体谋划和前瞻研究，使我军政治工作始终与时代发展同步。

军队政治工作必须紧贴时代发展不断充实完善。随着时代的发展，社会的经济基础、制度环境、内部结构、科学技术等各个方面都在发生深刻变化，各种新事物、新情况、新问题不断涌现、层出不穷，直接或间接地带动军队建设和军事斗争发展变化。突出表现在，军队担负的使命任务不断拓展，我军实现整体性革命性重塑，练兵备战全面加强，武器装备加快更新换代，官兵成分结构深刻变化，这些都必然对军队政治工作提出新要求。军队政治工作必须努力拓展和延伸服务保证领域、充实和丰富工作内容、健全和完善制度机制，以更好地适应时代发展的客观需要，在更大范围、更广领域、更高层次上发挥作

用。既要充分利用时代发展带来的积极影响，主动适应时代发展的新情况新特点和官兵的新要求新期待，大力弘扬主旋律，使政治工作富有时代性和感召力，又要高度重视时代发展带来的严峻挑战，充分认识和科学分析新的时代背景下产生的各种负面影响和效应，主动采取措施加以解决。

军队政治工作必须紧贴时代发展积极改革创新。我军政治工作的地位作用、基本原则等永远不会变，但随着时代的发展，政治工作也会面对大量新情况、新问题和时代提出的新课题，即便是过去那些成功经验和行之有效的做法，也需要根据新的时代环境，与时俱进地加以充实、丰富和完善。特别是一些传统的方法手段，由于时代条件的改变可能失去其合理性，或减弱和降低效果，更加需要创造性转化、创新性发展。改革创新是时代精神，新时代军队政治工作改革创新比以往任何时候都更加紧迫。军队政治工作必须坚持守正与创新相统一，在坚持根本原则制度和优良传统的基础上，勇于探索，积极创新，及时改革调整与时代发展不相适应的东西，不断丰富新内容、创造新形式、采用新方法新手段，为我军政治工作的优良传统注入新的时代内涵，使军队政治工作随着时代发展而持续焕发出新的生机，显示出强大的生命力。

第三节　军队政治工作与军队使命任务相适应的规律

军队政治工作与军队使命任务相适应的规律，揭示了军队政治工作与军队使命任务之间的内在联系，反映了我军政治工作发挥服务保证作用的根本要求。这一规律的基本含义是：军队的使命任务规定着军队政治工作的任务，军队政治工作必须紧贴军队使命任务来进行。

一、军队使命任务规定军队政治工作的任务

军队使命任务对军队政治工作提出任务需求。军队因使命任务而存在，包括军队政治工作在内的军队建设的各个方面和全部实践，都是为了军队能够有效履行所担负的使命任务，都要围绕履行使命任务的要求来开展和实施。换言之，离开了军队使命任务，军队建设的所有工作包括军队政治工作在内，都将失去存在的意义和价值。正如《关于军队政治工作问题》的报告所指出的，政治工作的任务，只能根据军队的基本任务与当前具体任务去规定，不能在我军

基本任务与当前具体任务之外再有所谓政治工作的独立任务[①]。纵观历史，我军政治工作从来不是孤立存在和自我运行的，而是由各个不同历史时期军队担负的使命任务决定的。革命战争年代，我军担负着"战斗队、工作队、生产队"的使命任务，政治工作除了保证部队战斗力提高之外，还要执行宣传群众、组织群众、帮助地方群众建立政权和发展生产的任务。新中国成立以来，我军担负的使命任务不断拓展，由新中国成立初期的"保卫人民革命和国家建设的成果，保卫国家的主权、领土完整和安全"，到改革开放新时期的"巩固国防，抵抗侵略，保卫祖国，保卫人民的和平劳动，参加国家建设事业，努力为人民服务"，到新世纪新阶段的"三个提供，一个发挥"[②]，军队的使命任务不断丰富拓展。新时代新征程，军队必须担当起党和人民赋予的"四个战略支撑"新时代使命任务。军队的使命任务拓展到哪里，政治工作就要随之跟进到哪里，服务保证领域和功能就要相应拓展到哪里。尽管军队政治工作有其特定的具体任务，但这些任务归根到底都是由军队的使命任务所提出、所派生并且为军队履行使命任务提供服务保证作用的。

军队使命任务为军队政治工作提供实践载体。任何一项工作要达到预期目的，都需要借助一定的载体、搭建一定的平台来实现。军队政治工作不是孤立存在和自我运行的事物，同样需要借助一定的实践活动、依托一定的实践载体来进行。没有人民军队履行使命任务的实践活动，就不会有军队政治工作的产生和发展。军队政治工作的生命线地位作用，必须在服务保证军队履行使命任务的实践中体现；军队政治工作目标的确立、内容的明确、方法的选择、效果的检验等，必须在军队履行使命任务的实践中完成；军队政治工作的创新发展，也必须依据军队履行使命任务新的实践要求，并在这一实践中来实现。离开了军队履行使命任务的实践活动，军队政治工作就会失去赖以存在的依托和发挥作用的平台。无论何时何地，军队政治工作都要自觉搞好与军队使命任务的有机结合，在军队履行使命任务的过程中体现出应有价值，发挥出重要作用。

二、军队政治工作必须紧贴军队使命任务来进行

适应军队履行使命任务需要强化服务保证。军队有效履行担负的使命任

[①] 《中国人民解放军政治工作历史资料选编》第七册，解放军出版社2004年版，第429页。

[②] "三个提供，一个发挥"，指人民军队在新世纪新阶段的使命任务是为党巩固执政地位提供重要的力量保证，为维护国家发展的重要战略机遇期提供坚强的安全保障，为维护国家利益提供有力的战略支撑，为维护世界和平与促进共同发展发挥重要作用。

务，需要有可靠的政治保证和强大的精神动力。政治工作在军队履行使命任务的过程中要发挥服务保证作用，应强化思想教育，深入进行军队根本职能教育、新时代军队使命任务教育、形势战备教育等，加强战斗精神培育，引导官兵切实认清肩负的使命责任，自觉做到全部精力向打仗聚焦、全部工作向打仗用劲；提高党组织建设质量，增强领导力、组织力、执行力，使其在履行使命任务过程中切实发挥出统一领导和战斗堡垒作用；按照有效履行新时代我军使命任务的要求，深入实施新时代人才强军战略，坚持立德树人、为战育人，努力培养造就大批德才兼备的高素质、专业化新型军事人才，提高备战打仗人才供给能力和水平；加强对部队遂行作战、日常战备、军事训练和非战争军事行动中的监督检查，强化履行使命任务的法纪保证。

适应军队履行使命任务需要搞好结合渗透。军队政治工作紧贴军队使命任务来进行，就是要融入履行使命任务的各项实践活动中去。要结合练兵备战实践，把政治工作渗透到军事训练等日常工作中去。我军的根本职能是打仗，必须全面提高新时代备战打仗能力。军事训练是部队经常性中心工作，是生成和提高战斗力的基本途径，是直接的军事斗争准备。政治工作要融入军事训练，进一步端正训练指导思想，坚定不移把军事训练摆在战略位置，从实战需要出发从难从严训练部队，营造大抓实战化军事训练的浓厚氛围，激发官兵的训练热情。要结合军事力量常态化多样化运用的实践，把政治工作渗透到完成任务的全过程。新时代，随着我国国家安全内涵外延、时空领域、内外因素等的深刻变化，安全需求的综合性、全域性、外向性特征更加突出，军事力量运用日益常态化，运用方式越来越多样化，迫切需要提高相应军事能力。军队政治工作要从思想教育、宣传鼓动、心理服务、政策保障、法律咨询、组织优化、人才支持等各个方面，全方位发挥服务保证作用，确保作战、非战争军事行动等任务圆满完成。要结合官兵履职尽责的实践，把政治工作渗透到各个工作岗位中。军队使命任务是靠广大官兵在各个岗位上共同完成的，岗位实践是官兵完成使命任务的基本途径。政治工作要渗透到广大官兵的工作岗位和具体职责之中，把政治工作做到战位、哨位和机位，形成全员全方位覆盖。

第四节　军队政治工作与工作对象实际相符合的规律

军队政治工作与工作对象实际相符合的规律，揭示了军队政治工作与工作对象之间的内在联系，反映了军队政治工作必须从工作对象实际出发的客观要求。这一规律的基本含义是：工作对象实际是军队政治工作的基本出发点，军队政治工作必须紧贴官兵实际来进行。

一、工作对象实际是军队政治工作的基本出发点

部队官兵是军队政治工作的主要对象。开展军队政治工作的过程，就是政治工作主体通过卓有成效的思想工作和组织工作，对官兵进行教育、培养和塑造，使之符合党和人民的要求，适应履行军队使命任务和岗位职责需要，得到全面发展的过程。工作对象的实际特别是官兵实际，是军队政治工作的基本出发点。

从官兵实际出发，是着眼培养人塑造人开展军队政治工作的必然要求。习近平指出："政治工作是做人的工作，要盯着人做工作，不能见物不见人。脱离了人，政治工作就空对空了。"[①] 军队政治工作的目的是培养人、塑造人、激励人、团结人。为了实现这一目的，就要了解官兵、尊重官兵、信任官兵、服务官兵，从官兵的思想基础和愿望要求出发，把军队的整体性要求与官兵合理的利益诉求和理想愿望有机统一起来，充分调动广大官兵的积极性，使官兵在为国防和军队建设作贡献的同时，个人合理的愿望要求也能得到满足，综合素质得到提升。新时代的官兵具有许多新的需求和特点，军队政治工作只有尊重官兵的主体地位，带着对官兵的深厚感情做工作，着力解决基层官兵急难愁盼问题，才能为官兵真心接受和由衷认同。

从官兵实际出发，是坚持实事求是、贯彻群众路线的必然要求。军队政治工作必须实事求是地确立工作目标、设置工作内容和开展各项工作，必须坚持从群众中来，到群众中去，相信并依靠广大官兵开展工作。集中到一点，就是要端正对官兵的根本态度，深入基层、深入一线、深入官兵，认真进行调查研究，多开展蹲点式、解剖式调研，用好交换、比较、反复的方法，切实把官兵的思想、工作、生活等各方面情况搞清楚、把握准，为正确有效地开展军队政治工作奠定坚实基础。

从官兵实际出发，是增强军队政治工作实际效果的必然要求。军队政治工作的过程，是一个主体与客体并存互动的过程。军队政治工作目标的实现，要

---

① 《十八大以来重要文献选编》中，中央文献出版社 2016 年版，第 206 页。

通过客体即工作对象表现出来；军队政治工作的方法、手段，要作用于工作对象并为之接受才会有效。工作对象直接制约着军队政治工作的开展，影响着军队政治工作的效果。由于时代条件不同、社会环境不同、个人成长经历和家庭状况不同，官兵的思想基础、利益需求往往有很大差别，不仅不同时代的官兵有其时代烙印，即使是处于同一时代和同一环境的官兵，也有各自的鲜明特点。只有从官兵实际出发，既看到不同时代官兵的群体性差异，又看到同一时代官兵的个性化特点，有的放矢，对症下药，特别是注重做好一人一事的工作，军队政治工作才能取得良好效果。

二、军队政治工作必须紧贴官兵实际来进行

必须端正对官兵的根本态度。从官兵实际出发，紧贴官兵实际开展军队政治工作，首先要端正对官兵的根本态度，正确认识和看待官兵。早在战争年代，毛泽东就深刻指出："很多人对于官兵关系、军民关系弄不好，以为是方法不对，我总告诉他们是根本态度（或根本宗旨）问题，这态度就是尊重士兵和尊重人民。从这态度出发，于是有各种的政策、方法、方式。"[1] 这种根本态度，就是把官兵当作阶级兄弟、革命同志、生死战友，互相关心、互相爱护、互相帮助。进入新时代，端正对官兵的态度仍然是需要引起高度重视的问题。习近平指出，"要用信任的眼光、欣赏的眼光、发展的眼光看待基层官兵"[2]。用信任的眼光看待官兵，就是要把官兵视为部队发展的主力军、托举强军伟业的强大力量，尊重官兵主体地位和首创精神，增强官兵主人翁意识，紧紧依靠广大官兵，上下同心促进部队建设发展。用欣赏的眼光看待官兵，就是坚持全面辩证地看待今天的官兵，多看他们的优点和闪光点，多肯定和赞美他们的成绩，鼓励他们立足本职岗位建功立业，引导他们书写出彩的军旅人生。要正视青年官兵处于世界观人生观价值观的培塑期，人生阅历浅、抗挫能力弱等特点，对他们多一些理解包容。用发展的眼光看待官兵，就是要充分相信新时代官兵能力素质和发展前景，对他们的成长进步抱以厚望和期许，满腔热忱地为他们的发展提供平台、创造条件。要充分认识到广大基层官兵、青年官兵是祖国的未来、民族的希望，也是党和军队的未来和希望，强国强军的伟大梦想，

---

[1] 《毛泽东选集》第二卷，人民出版社 1991 年版，第 512 页。

[2] 《中国共产党军事工作重要文献选编》第三卷，中央文献出版社、解放军出版社 2023 年版，第 228—229 页。

终将要在一代又一代官兵的接续奋斗中得到实现，从而发自内心地、充满情感地关心他们、爱护他们、支持他们，自觉主动地去贴近他们、了解他们、培养他们。

必须准确掌握官兵的真实情况。凡事预则立，不预则废。了解掌握官兵实际，是做好军队政治工作的前提。官兵的情况是多种多样的，也是生动具体的，尤其是新时代官兵的成分结构发生了深刻变化，家庭出身、文化程度、经历阅历、个人追求差异性增大，部队教育管理、官兵关系都呈现出许多新特点。能否全面准确及时了解掌握这些新特点，直接关系到军队内部关系，关系到军队纯洁巩固，关系到军队凝聚力和战斗力。要深入细致分析研究官兵思想观念、价值取向、行为方式、精神文化需求，找到穴位，把准脉搏。特别是要善于透过现象把握本质，真正摸清官兵究竟有什么思想上的困惑和问题，其中哪些是主要的，哪些是次要的；摸清官兵思想产生的内在原因，其中哪些是主观的，哪些是客观的；摸清到底有哪些信息渠道影响官兵思想，其中哪些影响力较大，哪些影响力较小；摸清这些思想对官兵个人和军队的影响，其中哪些是积极的，哪些是消极的。只有深入透彻地了解掌握官兵实际情况，军队政治工作才能真正贴近官兵，切实增强主动性针对性，避免盲目被动和流于空泛。

必须有的放矢地开展政治工作。军队政治工作紧贴官兵实际，就是要奔着官兵的现实问题和活思想去，针对官兵的所思所想、所愿所求开展工作，使各项工作和措施与官兵形成共振、产生共鸣。针对新时代基层官兵个性鲜明、思想活跃，民主意识、权利意识、参与意识增强的特点，政治工作必须进一步加强"三大民主"建设，实行基层事务办事公开，畅通民主渠道，维护官兵合法权益，保证官兵知情权、参与权、建议权、监督权，调动广大官兵的积极性、主动性、创造性。要深入纠治官兵身边的腐败和不正之风，严肃查处插手基层敏感事务等问题。针对新时代官兵利益观念增强、利益诉求多样的特点，政治工作必须真情关心关爱官兵，主动为基层和官兵办实事、解难事、做好事，想方设法为基层和官兵解决实际困难，努力满足官兵工作、生活、交往的新要求，使官兵充分感受到组织的温暖和军营的温情，进一步激发矢志强军的干劲热情。针对新时代官兵文化水平提高、成才愿望强烈，以及接受能力强、掌握技能快等特点，政治工作必须加大科学技术和文化知识含量，积极为官兵的学习和成才搭建舞台、创造条件。针对新时代官兵成分结构发生深刻变化、思想和心理行为新特点，政治工作必须关注官兵为人处世、生活习惯和心理健康等现实问题，使官兵在军营健康成长、顺利成才。

思考题：

    1. 军队政治工作有哪些基本规律？

    2. 军队政治工作为什么必须与党的理论和路线方针政策相一致？

    3. 如何理解把握军队政治工作与工作对象实际相符合的规律？

第五章　军队政治工作的原则

军队政治工作的原则，是指军队政治工作必须遵循的基本规范和准则，是军队政治工作客观规律的深刻反映。军队政治工作的原则是在长期建军治军实践中形成、丰富和发展的，是我军政治工作优良传统的高度凝练、精辟概括和集中体现。学习和掌握军队政治工作原则，对于继承和发扬我军政治工作优良传统、加强和改进新时代军队政治工作具有重要意义。

第一节　军队政治工作优良传统的形成发展

我军政治工作优良传统，是党领导人民军队在长期革命、建设和改革实践中形成、确立和发展完善的，集中体现了我军的性质、宗旨、本色，是我军特有政治优势和克敌制胜的法宝。

一、军队政治工作优良传统的形成和继承发扬

革命战争年代，针对复杂严酷的斗争环境和艰巨繁重的历史任务，我军政治工作探索形成了一整套光荣传统和优良作风，并逐步理论化、系统化。土地革命战争时期，南昌起义时提出了党要领导和掌握军队、为人民大众而战和艰苦奋斗、实行严格军纪等思想和要求；三湾改编把支部建在连上，使党的领导直达基层、直达士兵，设立士兵委员会构建起军队内部民主制度；井冈山斗争中，规定了红军打仗、筹款、做群众工作三大任务，提出了宣传教育群众、遵守纪律、发扬民主、瓦解敌军等原则；古田会议确立了思想建党、政治建军原则，规定了红军的性质、宗旨、任务，确立了红军政治工作的方针、原则、制度。抗日战争时期，明确了政治工作官兵一致、军民一致、瓦解敌军的"三大原则"，确立了"团结自己，战胜敌人"的政治工作总方针，阐明了正确处理军内外各种关系的原则等。解放战争时期，恢复和健全党委制，将军队内部的民主概括为政治、经济、军事"三大民主"，以训令形式颁布"三大纪律、八项注意"，建立请示报告制度等。

新中国成立后，我党我军把革命战争年代一贯强调的原则和作风加以系统

阐发，并在推进国防和军队现代化建设的进程中不断进行新的理论概括和制度
规范。在全国军事系统党的高级干部会议上，萧华代表总政治部所作的《关于
军队政治工作建设的几个问题》报告，对军队政治工作原则和优良传统进行了
比较系统的总结梳理。新中国成立后我军第一部政治工作条例《中国人民解放
军政治工作条例（草案）》，把战争年代创立的我军政治工作一整套方针、原则
和制度以法规形式继承和巩固下来。1978 年全军政治工作会议着重研究和解决
在新的历史条件下，如何恢复和发扬军队政治工作的优良传统、提高军队战斗
力的问题。1987 年中央军委《关于新时期军队政治工作的决定》将我军政治工
作的优良传统概括为九个方面，即坚持党领导军队的原则和全心全意为人民服
务的宗旨；用马列主义、毛泽东思想和党的正确路线教育部队；实行官兵一
致、军民一致、瓦解敌军的原则；实行政治民主、经济民主、军事民主；遵守
三大纪律八项注意；坚持实事求是和群众路线；发扬爱国主义、国际主义和革
命英雄主义精神；按照德才兼备的原则选拔任用干部；加强军队中党组织的建
设，发挥党委的核心领导作用、党支部的战斗堡垒作用和党员的先锋模范作
用，并指出："这些传统，反映了我军的本质，是我军政治工作最富有生命力
的原则和内容。"① 1991 年修订颁布的《中国人民解放军政治工作条例》，将我
军政治工作的优良传统概括为十一个方面，即坚持党对军队绝对领导的原则；
坚持人民军队的宗旨；坚持以马克思列宁主义、毛泽东思想和党的路线、方
针、政策教育部队；坚持理论联系实际，密切联系群众，开展批评和自我批
评；实行官兵一致、军民一致、瓦解敌军的原则；实行政治民主、经济民主、
军事民主的制度；遵守三大纪律八项注意；发扬爱国主义、国际主义和革命英
雄主义精神；按照德才兼备的原则选拔任用干部；加强军队中党组织的建设，
发挥党委的核心领导作用、党支部的战斗堡垒作用和共产党员的先锋模范作
用；发挥政治干部严于律己、以身作则的模范带头作用。2003 年修订颁布的
《中国人民解放军政治工作条例》，在继承我军政治工作优良传统的基础上，明
确军队政治工作必须遵循的十项原则，即坚持党对军队的绝对领导；坚持人民
军队的性质和宗旨；坚持用科学理论武装部队；坚持把思想政治建设摆在军队
各项建设的首位；坚持围绕军队现代化建设这个中心开展工作；坚持促进官兵
的全面发展；坚持官兵一致、军民一致、瓦解敌军；坚持发扬政治民主、经济

① 《十二大以来重要文献选编》下，人民出版社 1988 年版，第 1278 页。

民主、军事民主；坚持贯彻依法治军、从严治军；坚持继承优良传统与创新发展的统一。2010 年修订颁布的《中国人民解放军政治工作条例》，进一步明确军队政治工作必须遵循的十项原则，即坚持党对军队的绝对领导；坚持人民军队的性质和宗旨；坚持用科学理论武装官兵、培育当代革命军人核心价值观；坚持把思想政治建设摆在军队各项建设的首位；坚持围绕军队现代化建设这个中心开展工作；坚持以人为本、促进官兵的全面发展；坚持官兵一致、军民一致、瓦解敌军；坚持发扬政治民主、经济民主、军事民主；坚持依法治军、从严治军；坚持继承优良传统与创新发展的统一。

党的十八大以来，习近平高度重视继承和发扬我党我军光荣传统和优良作风，亲自决策在古田召开全军政治工作会议，研究解决新的历史条件下党从思想上政治上建设军队的重大问题，弘扬我军政治工作的光荣传统和优良作风。会上，习近平对我军在长期实践中形成的政治工作优良传统作了深刻总结，将其概括为"十一个坚持"：坚持党指挥枪的根本原则和制度，坚持全心全意为人民服务的根本宗旨，坚持实事求是的思想路线，坚持群众路线的根本作风，坚持用科学理论武装官兵，坚持围绕党和军队中心任务发挥服务保证作用，坚持公道正派选拔使用干部，坚持官兵一致、发扬民主，坚持实行自觉的严格的纪律，坚持艰苦奋斗、牺牲奉献的革命精神，坚持党员干部带头、以身作则。这些优良传统是我军政治工作的根本原则和内容。

二、弘扬军队政治工作优良传统的重要意义

我们党重视政治工作优良传统，特别是新时代强调弘扬"十一个坚持"的优良传统，有着深刻的政治意蕴和鲜明的现实指向。第一，政治工作优良传统承载的是人民军队的基因血脉。一切向前走，都不能忘记走过的路；走得再远、走到再光辉的未来，也不能忘记走过的过去。政治工作优良传统是马克思主义建军原则和党的先进性的集中体现，透射着党和军队的革命初心，是人民军队特有的政治标识。正是形成和坚持了这些优良传统，我军政治工作才成为革命的政治工作，我军才成为党绝对领导下的人民军队而不是别的什么军队。叶剑英在党的八大上讲，政治工作优良传统是我军根本所在，丢掉它，我军就会成为一支容易对付的"一般的现代化军队"。第二，政治工作优良传统蕴含着我军由小到大、由大向强的组织力、精神力。革命战争年代，我军以弱胜强，强就强在政治上强、政治工作强，"气"比"钢"强。从历史中走来的政

治工作优良传统，是历经血与火斗争淬炼和检验的"真金"，深刻揭示了政治工作的客观规律和作用机理，集中体现了革命性、战斗性和科学性的高度统一。面对"四个战略支撑"使命任务，面对走向世界一流的艰巨挑战，我军必须把这些精髓精华坚持好发扬好；丢失了这些，就是自断筋脉、自废武功。第三，"十一个坚持"优良传统是新时代政治工作必须把握的"根"和"魂"。一切历史都是当代史，优良传统不是教条，而是解决现实问题、历久弥新的有力武器。在各个历史时期，我们党和军队都以新的时代站位和视角，对政治工作优良传统进行总结概括。习近平在古田全军政治工作会议上概括的"十一个坚持"，既拎起了政治工作一以贯之的根本原则和遵循，又有着鲜明的时代印记和现实的实践指向，反映的是不忘初心、牢记使命的坚定追求，着眼的是解决政治工作存在的薄弱环节和突出问题。

第二节　军队政治工作必须遵循的原则

《军队政治工作条例》把"十一个坚持"作为军队政治工作必须遵循的原则，从制度上保证了人民军队血脉永续、根基永固、优势永存。这些原则传承历史、着眼未来，是一个内容丰富、有机贯通的体系，是我军政治工作优良传统的凝结升华，是政治工作客观规律的集中反映，具有很强的思想性和指导性。

一、坚持党指挥枪的根本原则和制度

党指挥枪的根本原则和制度，是中国共产党建设新型人民军队的伟大创造，是马克思主义关于阶级、国家、政党、军队学说在军事领域的具体运用。正是坚持了这一条，在我军历史上，从来没有一支成建制的队伍被敌人拉过去，也没有任何人能利用军队来达到个人目的，无论是拥兵自重的张国焘，还是位高权重的林彪，个人的阴谋野心始终没能得逞。党指挥枪的根本原则，从根本上明确了党与人民军队的关系，规定了坚持党的领导的唯一性、彻底性和无条件性，具有特定的含义。主要体现为：第一，党对军队实施独立的领导。我军必须完全地无条件地置于中国共产党的领导之下，任何时候任何情况下都坚决听从党中央、中央军委指挥。除中国共产党及其助手中国共产主义青年团外，不允许其他党派、社会团体和任何宗教在军队中建立组织和开展活动。第二，党对军队实施直接的领导。中国共产党对军队的领导，是直接在军队各级设立党的组织，赋予其统一领导地位，对所属部队进行直接领导、直接指挥，使党的领导直达基层、直达士兵。第三，党对军队实施全面的领导。党对军队的领导纵向到底、横向到边，涵盖国防和军队建设各领域，贯穿于完成各项任务的全过程，是包括政治领导、思想领导和组织领导等在内的全面领导。经过长期发展，坚持党指挥枪的制度日臻完善，形成了包括军队最高领导权和指挥权属于党中央和中央军委，中央军委实行主席负责制，实行党委制、政治委员制、政治机关制，实行党委（支部）统一的集体领导下的首长分工负责制，实行支部建在连上等在内的一整套制度体系，为党指挥枪提供了根本保证。

坚持这一原则，要求军队政治工作必须坚持党的基本理论、基本路线、基本方略，自觉用习近平新时代中国特色社会主义思想凝心铸魂，不断强化官兵的军魂意识，坚决抵制"军队非党化、非政治化"和"军队国家化"等错误观点，始终做到坚定不移地听党话、跟党走；坚持党领导军队的一系列根本原则和制度，以更高标准、更严要求贯彻军委主席负责制，确保党指挥枪落到实处；必须全面加强新时代军队党的建设，充分发挥政治工作对强军兴军的生命线作用，确保全军坚决听从党中央、中央军委的指挥，确保党从思想上、政治上、组织上牢牢掌握部队，确保政令军令畅通和部队高度集中统一，确保枪杆子永远掌握在忠于党的可靠的人手中。

二、坚持全心全意为人民服务的根本宗旨

全心全意为人民服务，是我党我军的根本宗旨，集中体现了我军阶级性和人民性的高度统一。我军是新型人民军队，是人民的子弟兵。人民军队的力量，根基在人民。我军与人民群众的这种血肉联系，决定了军队必须全心全意为人民服务。我军政治工作历来既注重用服务人民凝聚感召官兵，又注重挖掘蕴藏在人民中的战争伟力。从"打土豪、分田地"，到"打倒蒋介石、解放全中国"，到"抗美援朝、保家卫国"，再到"人民军队爱人民"，每个时期都抓住最得人心、最具号召力的主题，最大限度地激励官兵、凝聚群众。坚持全心全意为人民服务的根本宗旨，有着十分丰富的思想内涵，主要包括：来自人民、为了人民，始终与人民血肉相联、生死与共是我军的制胜之本、力量之源；始终坚持人民立场、人民至上，把人民的利益放在高于一切的位置，紧紧地和人民站在一起，为人民利益而奋斗，用实际行动赢得人民群众的支持和拥

护；我军只有始终坚持全心全意为人民服务的根本宗旨，才能实现党的军队、人民的军队、社会主义国家的军队的高度统一，才能获得推进强军事业、不断夺取胜利最深厚的力量源泉，才能始终做人民信赖、人民拥护、人民热爱的子弟兵。

坚持这一原则，要求军队政治工作必须坚持以人民为中心，始终把人民放在心中最高位置，教育引导官兵强化宗旨意识，树牢人民利益高于一切的观念，不断增强服务人民的责任感和自觉性；自觉服从服务于党和国家大局，投身强国建设、民族复兴的伟大实践，积极支持地方经济社会发展，勇于承担抢险救灾等急难险重任务，协助地方做好维护社会大局稳定工作，以实际行动为人民群众造福兴利；甘于为人民利益牺牲奉献，提高捍卫人民利益的本领素质，有效履行党和人民赋予的新时代使命任务；大力弘扬军爱民、民拥军的光荣传统，发展坚如磐石的军政军民关系，为巩固提高一体化国家战略体系和能力、推进强国强军汇聚强大力量。

三、坚持实事求是的思想路线

党章规定，"党的思想路线是一切从实际出发，理论联系实际，实事求是，在实践中检验真理和发展真理"[1]。实事求是，是马克思主义的根本观点、根本方法，是党的思想路线的核心，是军队政治工作的原则。毛泽东指出："'实事'就是客观存在着的一切事物，'是'就是客观事物的内部联系，即规律性，'求'就是我们去研究。"[2] 纵观我们党一百多年的奋斗史，什么时候实事求是坚持得好，就会顺利发展；什么时候实事求是受到干扰，就会遭受挫折。

坚持这一原则，要求军队政治工作必须始终坚持从党情国情军情实际出发，坚持紧贴时代发展、使命任务和官兵实际筹划和开展工作；求真务实，注重实效，深入实际搞好调查研究，切实把政治工作的环境条件、对象特点和具体需求搞清楚，掌握工作决策和组织实施的第一手材料；必须强化问题导向，把发现问题、解决问题作为开展工作的重要目的和衡量工作成效的重要标准，着力解决军队政治工作遇到的新情况新问题；弘扬担当和斗争精神，坚决反对形式主义和官僚主义，恪尽职守、积极作为，迎难而上、敢于斗争；必须解放

---

① 《中国共产党章程》，人民出版社 2022 年版，第 21 页。
② 《毛泽东选集》第三卷，人民出版社 1991 年版，第 801 页。

思想、更新观念，深入探索把握军队政治工作的特点规律，创造性开展工作，不断增强军队政治工作的时代感和实效性。

四、坚持群众路线的根本作风

党章规定，群众路线就是"一切为了群众，一切依靠群众，从群众中来，到群众中去，把党的正确主张变为群众的自觉行动"[①]。它体现了马克思主义的认识论、辩证法和唯物史观三者的辩证统一。"一切为了群众，一切依靠群众"，就是任何时候任何情况下都要把人民利益放在第一位，坚持群众是认识和实践的主体，紧紧依靠人民推动党的事业发展；"从群众中来，到群众中去，把党的正确主张变为群众的自觉行动"，就是集中群众的智慧和经验，研究形成正确的路线方针政策和措施办法，用它来指导实践，并在实践中检验、丰富和发展，使党的正确主张为广大群众所理解和掌握，为实现自身利益和美好生活而奋斗。"群众路线是我们党的生命线和根本工作路线。"[②] 三湾改编明确在连以上建立士兵委员会，就是我军政治工作走群众路线的开端。1945 年 5 月，总政治部专门写出《怎样实行群众路线》的报告，总结了启发战士自觉、发扬民主等八条经验。坚持群众路线的根本作风，是我军克敌制胜的重要法宝，也是军队政治工作的重要原则。

坚持这一原则，要求军队政治工作必须端正对官兵的根本态度，尊重官兵主体地位和首创精神，坚持基层至上、士兵第一；必须相信和依靠广大官兵，真诚关心和全面了解官兵的呼声和需求，认真听取他们的意见建议，充分吸收和发挥官兵的智慧和力量，把官兵的积极性、创造性激发出来；必须加强对官兵的政治引领和思想教育，及时把党的路线方针政策和各级党组织的决策要求贯注于官兵之中，增强官兵对党的正确主张的认同度，使之转化为官兵的实际行动。要求军队政治干部必须努力改进思想作风、工作作风、领导作风、生活作风，切实走进官兵、引领官兵、赢得官兵，增强政治工作的温度和实感。

五、坚持用科学理论武装官兵

坚持用科学理论武装官兵，把革命的进步的政治精神贯注于军队之中，是

---

① 《中国共产党章程》，人民出版社 2022 年版，第 21 页。
② 《习近平著作选读》第一卷，人民出版社 2023 年版，第 121 页。

中国共产党缔造和领导我军的一个伟大创举。党的诞生，本身就是革命理论广泛传播的结果；我军实现革命改造、脱胎换骨，根本的也是靠科学理论武装。思想进步是一切工作进步的枢纽，掌握思想教育是团结全党进行伟大政治斗争的中心环节。其本质内涵主要包括：坚持以学铸魂，从思想上正本清源、固本培元，筑牢信仰之基、补足精神之钙、把稳思想之舵；坚持以学增智，从党的科学理论中悟规律、明方向、学方法、增智慧，提升政治能力、思维能力、实践能力；坚持以学正风，大兴务实之风，弘扬清廉之风，养成简朴之风，始终保持我党我军光荣传统和优良作风；坚持以学促干，把改造主观世界与改造客观世界、武装头脑与指导实践统一起来，使全军始终保持统一的思想、坚定的意志、协调的行动、强大的战斗力。只有坚持用科学理论武装官兵，才能不断增强官兵对党的价值追求和前进方向的高度认同，为实现党对军队绝对领导和军队履行职能使命提供根本保证。

坚持这一原则，要求军队政治工作必须坚持思想领先，坚持不懈用新时代党的创新理论凝心聚魂，构建新时代我军思想政治教育体系，打好意识形态斗争主动仗；扎实开展马克思主义及其中国化时代化成果学习宣传教育，组织官兵全面系统深入学习，坚持读原著、学原文、悟原理，坚持多思多想、学深悟透，着力把握科学体系和精髓要义；大力纠治表态化、浅表化、功利化等不良学风，推动学思用贯通、知信行统一；加强体系化学理化研究阐释，紧扣官兵关心的热点难点搞好释疑解惑，持续推动党的创新理论进教材、进课堂、进头脑。

六、坚持围绕党和军队中心任务发挥服务保证作用

党和军队的中心任务决定军队政治工作的任务。围绕党和军队中心任务开展工作，是发挥军队政治工作"生命线"地位作用的必然要求。我军政治工作脱胎于革命战争母体，定型于战火硝烟，天然就是为打仗、为胜利而存在，为党和军队的中心任务而工作的。党的二十大报告提出，从现在起，中国共产党的中心任务就是团结带领全国各族人民全面建成社会主义现代化强国、实现第二个百年奋斗目标，以中国式现代化全面推进中华民族伟大复兴。国防和军队现代化是我军建设的中心任务，其战略安排是到 2027 年实现建军一百年奋斗目标，到 2035 年基本实现现代化，到本世纪中叶建成世界一流军队。军队政治工作只有紧紧围绕党和军队中心任务来筹划实施，为实现国防和军队现代化提供

服务保证，才能找到实践依托，体现自身价值，发挥应有作用。

坚持这一原则，要求军队政治工作必须强化聚焦主责主业、服务备战打仗的意识，正确处理政治工作与军事训练、后勤装备保障的关系，全力保证军队能打仗、打胜仗；必须坚持贯穿融入、结合渗透到军队建设的方方面面，为加快军事理论现代化、军队组织形态现代化、军事人员现代化、武器装备现代化，提供强大政治保证、精神动力和智力支持；必须用部队全面建设水平、战斗力提高程度和完成任务情况来衡量和评价军队政治工作成效，推动把战斗力标准立起来、落下去；必须坚持瓦解敌军、团结友军，配合军事行动积极开展舆论战、心理战、法律战，做好俘虏工作，动摇敌人军心士气，促使敌军官兵反战、怠战、厌战、恐战，最终削弱和瓦解敌军战斗力。

七、坚持公道正派选拔使用干部

公道正派选拔使用干部，是党的干部路线的一贯要求，也是坚持新时代党的组织路线的重要体现，是培养选拔党和人民需要的军队好干部的基本遵循。其内涵主要包括：一是坚持德才兼备、以德为先，始终把德放在第一位，突出政治标准和打仗能力。二是坚持五湖四海、任人唯贤，拓宽选人用人渠道，广开进贤之路，坚决防止和克服小山头、小团体主义。三是坚持党管干部、党管人才、组织选人，贯彻民主集中制，选用干部由党委集体决策，严格按原则、按政策、按规矩、按程序选人用人。四是树立正确导向，注重基层、注重实干、注重官兵公认。军队政治工作只有遵循"坚持公道正派选拔使用干部"的原则，才能为实现党在新时代的强军目标提供坚强的组织保证和人才支撑。

坚持这一原则，要求军队政治工作必须按照军队好干部标准，建立健全干部考核评价体系，加强和改进干部考核工作；坚持全方位考察和准确把握干部德才表现，加强忠诚度鉴别和政治考察，把忠诚干净担当的干部用起来，把想打仗、谋打仗、能打仗的干部用起来；把选拔使用优秀年轻干部作为战略任务来抓，把他们放到备战打仗一线、吃劲要紧岗位和急难险重任务中摔打磨炼；深化干部政策制度改革，完善从严管理监督干部制度体系，防止和纠治选人用人上的不正之风；健全容错纠错机制，加大正向激励力度，引导广大干部敢于担当、奋发有为。

八、坚持官兵一致、发扬民主

官兵一致、发扬民主，是我军处理内部关系的基本准则，是新型人民军队的政治基础，也是团结自己、战胜敌人的重要因素。井冈山斗争时期流传一副对联，"红军中官兵伕衣着薪饷一样，白军里将校尉起居饮食不同"，描绘了红军与国民党军官兵生活和地位的截然不同。毛泽东在《井冈山的斗争》中指出，同样一个兵，昨天在敌军不勇敢，今天在红军很勇敢，就是民主主义的影响。官兵一致，就是官兵政治平等和人格平等，军官关心和爱护士兵，士兵尊重和服从军官，团结互助、同甘共苦，共同为军队建设和完成各项任务承担责任、贡献力量。发扬民主，就是发扬政治民主、经济民主、军事民主。政治民主，即官兵政治上一律平等，只有职务和分工的不同，没有高低贵贱之分。经济民主，即官兵有权管理、监督经济生活，了解和反映对物质文化生活的意见，防止贪污盗窃、铺张浪费和侵占群众利益。军事民主，即发动官兵积极参加备战打仗各项工作，为完成任务献计献策，共同研究战术技术，开展战评活动。实行官兵一致，发扬三大民主，有利于实现官兵之间的真正平等，增强军队内部团结，调动广大官兵积极性和创造性，提高部队凝聚力和战斗力。

坚持这一原则，要求军队政治工作必须教育军官端正对士兵的根本态度，真诚爱兵、科学领导、改善管理，教育士兵尊重军官、服从管理、听从指挥，保持甘苦与共、生死与共的革命情谊，巩固和发展团结、友爱、和谐、纯洁的内部关系；不断丰富和完善军队内部的民主制度，拓宽民主渠道，健全民主生活；尊重和维护官兵民主权利，主动听取和认真对待官兵批评建议，支持官兵以主人翁精神为部队建设和作战贡献聪明才智；提高官兵民主素质，正确处理民主与集中、民主与法纪、权利与义务的关系。

九、坚持实行自觉的严格的纪律

自觉的严格的纪律，是新型人民军队的显著标志，是战斗力的重要源泉。正是由于有了建立在高度政治觉悟基础上的革命纪律，官兵们哪怕冻饿交加，也不拿群众一针一线；哪怕烈火焚身，也岿然不动，直至付出生命；哪怕身陷绝境，也坚守战位，慷慨赴死。我军纪律是一个完备的体系，主要包括政治纪律、组织纪律、作战纪律、训练纪律、工作纪律、保密纪律、廉洁纪律、财经纪律、群众纪律、生活纪律等，覆盖了军队建设和官兵工作生活的方方面面。"自觉的"主要指我军的纪律建立在高度革命觉悟基础上，官兵都自觉置身纪律约束之中、自觉接受管理和监督。"严格的"主要指我军的纪律具有权威性、严肃性、强制性，纪律面前人人平等，遵守纪律没有特权，执行纪律没有例外。坚持实行自觉的严格的纪律，反映了革命的坚定性、政治的自觉性、纪律的严肃性的内在统一，体现了战斗力建设的必然要求，彰显了威武之师、文明之师的良好形象。

坚持这一原则，要求军队政治工作必须遵循治军带兵基本规律，继承发扬我军执纪如钢、守纪如铁优良传统；加强纪律教育，培养官兵知敬畏、存戒惧、守底线的自觉，做到一切行动听指挥、步调一致向前进；狠抓监督执纪，注重抓早抓小、防微杜渐，发现苗头及时提醒，触犯纪律立即处理，让铁规生威、让铁纪发力；健全完善纪律法规体系，全方位扎紧笼子、堵塞漏洞；突出关键少数，引导各级领导干部自觉做遵纪守法的带头人。

十、坚持艰苦奋斗、牺牲奉献的革命精神

艰苦奋斗、牺牲奉献，是我党我军的光荣传统和政治本色，是革命军人所特有的精神状态和作风。1936年斯诺到延安采访，从毛泽东住的破窑洞、朱德用马尾做的牙刷、彭德怀用降落伞缝的背心等细节中，发现共产党军队有种"东方魔力"，并称这是"兴国之光"。斯诺讲的"东方魔力""兴国之光"，其实就是艰苦奋斗、牺牲奉献精神。这种革命精神具有丰富内涵，主要包括：吃苦耐劳、不畏艰险的意志品质，勤俭节约、艰苦朴素的工作作风，以苦为乐、朝气蓬勃的乐观主义，一不怕苦、二不怕死的战斗精神，无私奉献、勇于献身的崇高品德，坚贞不屈、忠贞不渝的革命气节，排除万难、争取胜利的进取精神，等等。艰苦奋斗、牺牲奉献的革命精神是中国共产党人精神谱系的重要组成部分，是我军战胜艰难险阻、夺取伟大胜利的重要因素。正是靠着这种革命精神，我军才能压倒一切敌人而决不被敌人所屈服、征服一切困难而不被任何困难所征服。

坚持这一原则，要求军队政治工作必须激发官兵为党和人民事业奋斗不息的革命热情，以强烈的事业心和高度的责任感投身强军事业；加强党史军史和光荣传统教育，大力宣扬英雄群体和先进典型，引导官兵树立正确的奋斗观、苦乐观、生死观、得失观；注重在实践中特别是实战化军事训练和执行急难险重任务中磨砺战斗意志、锤炼战斗作风、砥砺战斗品格；坚持勤俭建军，坚决反对铺张浪费，使艰苦朴素、勤俭节约成为广大官兵的自觉行动。

十一、坚持党员干部带头、以身作则

注重发挥党员干部模范带头作用，坚持言行一致、以身作则、以上率下，是我军政治工作的重要经验和特有优势。革命战争年代，喊一声"跟我上"和吼一声"给我上"，一字之差、天壤之别。军队党员干部带头、以身作则，是指其要在部队建设和完成各项任务中起到表率示范作用，以对党忠诚的政治品格、坚定正确的理想信念、艰苦奋斗的工作作风、清正廉洁的良好形象，来赢得官兵的信任，激励和引导官兵前进。党员干部的表率作用本身就是最好的政治工作。坚持党员干部带头、以身作则，关乎军队政治工作形象威信，关乎军队建设发展进步，关乎党的事业兴衰成败。

坚持这一原则，要求军队政治工作必须教育引导党员干部带头学习贯彻党的理论和路线方针政策，执行党中央、中央军委的决策部署；带头牢记宗旨，克己奉公，全心全意为人民服务；带头担当作为、履职尽责，吃苦在前、享受在后，冲锋在前、退却在后，努力创造一流业绩；带头转变作风，狠抓落实，雷厉风行，紧抓快干，力戒形式主义、官僚主义；带头廉洁自律，遵守党的政治纪律和政治规矩，任何时候都不踩底线、不越红线，把真理的力量和人格的力量结合起来，赢得官兵信任，推动军队政治工作回归优良传统、增强威信威力、发挥应有作用。

第三节　军队政治工作的根本原则是坚持党对军队的绝对领导

在军队政治工作各项原则中，坚持党对军队的绝对领导是最重要、最本质的规定，对其他原则起着支配和统领的作用。军队政治工作实质是党领导和掌握军队的工作，尽管工作内容千头万绪，但归根结底都是为了保证党对军队的绝对领导，保证党领导军队的科学性和有效性，保证党赋予军队各项任务的完成。坚持党对军队的绝对领导是军队建设和发展的首要问题，是我军建军治军的根本原则，也是军队政治工作的根本原则。

一、党对军队绝对领导是人民军队建军之本、强军之魂

坚持党指挥枪、建设自己的人民军队，是党在血与火的斗争中得出的颠扑

不破的真理。习近平指出："党对军队的绝对领导是中国特色社会主义的本质特征，是党和国家的重要政治优势，是人民军队的建军之本、强军之魂。"①

党对军队的绝对领导是中国特色社会主义的本质特征。中国特色社会主义有许多特点和特征，其中最本质的特征是中国共产党的领导。中国特色社会主义其他特点和特征都是由党的领导这一最本质特征决定的，都是在党的领导下形成发展、发挥作用、彰显优势的。党政军民学，东西南北中，党是领导一切的，是最高政治领导力量。党对军队的绝对领导是党对中国特色社会主义事业全面领导的重要组成部分，是党的领导在军事领域的具体落实，是中国特色社会主义的本质特征。正是因为枪杆子始终掌握在党的手中，通过党在军队建立的严密组织和强有力的政治工作，党的意志和主张才能有效贯注部队，广大官兵才有坚定的理想信念、团结奋斗的共同思想基础和强大精神支柱；党的领导才能贯通上下、直达基层，使部队有了拖不垮、打不烂的战斗堡垒；才能弘扬拥政爱民、拥军优属的光荣传统，巩固发展新时代军政军民团结，使我军建设高质量发展和赢得胜利获得不竭的力量源泉。

党对军队的绝对领导是党和国家的重要政治优势。党对军队的绝对领导，是马克思主义建党建军学说与中国军事斗争实践相结合的伟大创造，是我军区别于任何资本主义国家军队的政治优势。实践证明，党对军队绝对领导这个根本原则，有利于运用国家政权力量加强军队建设，有利于保证军队的最高领导权和指挥权的高度集中统一，有利于发挥人民军队对坚持和发展中国特色社会主义、实现中华民族伟大复兴的战略支撑作用。坚持党对军队的绝对领导，能够为党巩固执政地位提供重要力量保证。只要我军始终听从党的召唤、服从党的指挥，始终成为党巩固执政地位的中坚力量，我们党就能"任凭风浪起，稳坐钓鱼船"，社会主义红色江山就能永不变色。坚持党对军队的绝对领导，能够确保国家的长治久安。一个国家的军队掌握在什么人手中，始终是关系这个国家前途命运的重大问题。只有在党的绝对领导下，人民军队才能真正为国家和人民的利益赴汤蹈火、浴血奋战，才能履行好党和人民赋予的神圣使命，为捍卫国家主权、安全、发展利益提供坚强安全保障。毫不动摇坚持这一制度，对于保证我们党长期执政、国家长治久安、中国特色社会主义事业兴旺发达具有不可替代的重要作用。

---

① 《习近平著作选读》第一卷，人民出版社 2023 年版，第 625 页。

党对军队的绝对领导，是我国的基本军事制度和中国特色社会主义政治制度的重要组成部分。党对军队绝对领导制度在我国军事制度体系中处于统领地位，发挥着决定性作用，是我国的基本军事制度。党对军队绝对领导作为我国的基本军事制度，是与人民民主专政的国体、人民代表大会制度的政体等中国特色社会主义政治制度相配套相吻合的，是中国特色社会主义政治制度体系的重要组成部分，是新时代坚持和发展中国特色社会主义的一条基本方略，是中国革命、建设、改革长期实践反复证明了的科学制度。坚持党对军队的绝对领导，既能体现和保证中国共产党对军队的绝对领导权和指挥权，使这支军队牢牢地掌握在党和人民手中，永远保持人民军队的性质、宗旨、本色，又能通过国家机器，加强国防和军队建设，是人民军队有效履行职能的根本保证。把军队置于党绝对领导之下，以及党和国家对军队领导的一致性，是我国基本军事制度和中国特色社会主义政治制度的显著特色。

二、实现党对军队绝对领导的主要途径

确保党对军队的绝对领导，是党对军队政治工作的根本要求。大力加强和改进军队政治工作，是实现党对军队绝对领导的主要途径。

打牢听党指挥、献身强军事业的思想政治根基。坚持灌输基本道理与加强辨析引导相结合，强固精神支柱与纯洁思想道德相结合，继承优良传统与丰富时代内涵相结合，深扎听党话、跟党走的思想根子。把强化军魂意识作为部队思想政治教育的永恒主题常抓不懈，引导官兵深刻理解把握党对军队绝对领导的客观真理性、历史必然性和现实紧迫性。做好学习贯彻习近平新时代中国特色社会主义思想的深化、内化、转化工作，学好党史、新中国史、改革开放史、社会主义发展史、中华民族发展史，学好人民军队历史，坚定理想信念，铸牢对党忠诚。弘扬和践行社会主义核心价值观，持续培育当代革命军人核心价值观，打牢思想道德基础，以灵魂净化确保军魂牢固。主动占领部队思想阵地、文化阵地、舆论阵地，打好意识形态斗争主动仗。

落实党对军队绝对领导的根本原则和制度。既要防范外部的冲击影响，更要警惕内部的消极因素；既要保证青年官兵政治合格，更要确保领导干部忠诚可靠；既要解决思想认识模糊的问题，更要纠治贯彻不力的问题。要加强对军队党的建设制度规定的学习、培训和宣传，增强官兵的制度意识，注意搞好督促检查，及时惩治违反制度的人和事，确保制度落到实处；教育引导各级领导

干部特别是高级干部牢固树立纪律和规矩意识，在守纪律、讲规矩上作表率，自觉做政治上的明白人、老实人；紧密结合新的形势和任务，适应新体制新编成新要求，积极探索贯彻执行党对军队绝对领导根本制度的有效途径和方式。

确保枪杆子永远掌握在忠于党的可靠的人手中。选好人用好人，是坚持党对军队绝对领导的组织保证和关键所在。要坚持从政治上考察和使用干部，全方位考察干部的政治忠诚、政治定力、政治担当、政治能力、政治自律，把那些不忠诚不老实的人从革命队伍中彻底清除出去。把对德的考核具体化，重点考察贯彻执行党中央、中央军委和习主席决策指示的表现，考察在一些重大原则问题上的立场，考察带领部队完成急难险重任务情况，考察对待名利得失的态度，搞好"政治体检"，防止"带病提拔"。加强高级干部教育管理，使高级干部讲政治、能打仗、善创新、重实干、严自律，为部队做好表率。

三、坚决抵制"军队非党化、非政治化"和"军队国家化"

要不要坚持党对人民军队的绝对领导，始终是我们同各种敌对势力斗争的一个焦点。"军队非党化、非政治化"和"军队国家化"，是西方敌对势力为加紧对我国实施"西化""分化"战略，特别是对我军进行意识形态渗透破坏而极力鼓吹的错误思想。其险恶用心是妄图对我军官兵"拔根去魂"，改变我军性质，把我军从党的旗帜下拉出去，进而推翻中国共产党的执政地位，颠覆中国特色社会主义制度，遏制社会主义中国的发展。由于这些错误思想披着"民主政治"的外衣，具有很强的迷惑性。坚决抵制"军队非党化、非政治化"和"军队国家化"，就要深刻认清其理论上的荒谬性、本质上的虚伪性和实践上的危害性。

"军队非党化、非政治化"和"军队国家化"理论上是荒谬的。这一错误政治观点，歪曲和抹煞了政党、国家和军队之间的阶级本质及其内在联系。任何军队在阶级社会都从属于一定的阶级，在政党政治中都从属于代表一定阶级利益的政党。政党是阶级利益和意志的集中代表者，是阶级的组织者和领导者。执政党作为国家政治生活的核心，行使着领导和管理国家的权力，领导军队是一个普遍规律。所有军队都具有政治性，军队本身是政治斗争的产物。任何阶级和国家建立军队、进行军事活动的目的都是为了实现和维护本阶级的利益。无论过去、现在还是将来，军队都是服从和服务于政治的。在政党政治条件下，脱离执政党领导的"军队国家化"是不可能的。作为一个国家的军队，毫无疑问都具有国家属性。但国家并不是抽象的"社会共同体"，而是占统治地位的阶级维护自身统治的工具。作为国家机器重要组成部分的军队，当然从属并服务于这个国家的统治阶级。"军队国家化"把国家的军队抽象化、绝对化，以军队的国家属性来否定军队的政党属性和政治属性，这是极其荒谬的理论。

"军队非党化、非政治化"和"军队国家化"本质上是虚伪的。世界上根本不存在超越政党、脱离政治的"国家化"军队。就拿一贯标榜军队"非党化""非政治化""国家化"的某些西方国家来看，这些国家大多实行两党制或多党制，无论哪个政党上台执政，无一例外都是资产阶级的政党，都不会改变资产阶级专政的实质。表面上军队不属于某个政党，军人不加入某个党派，并不等于"非党化"，实质上军队和军人始终处在资产阶级的掌控和指挥之下，执政党的轮替对于军队领导权和指挥权来说，只不过是从"左手"交到"右手"而已。事实上，西方国家军队从来都是资产阶级对外扩张和对内统治的工具。无论是过去用"刀枪和炮舰"进行侵略和殖民统治，还是现在打着所谓"人权高于主权""为价值观而战"旗号对别国肆意进行军事干涉，无一不是为资产阶级攫取全球利益服务的。需要指出的是，西方国家规定军队不接受政党领导和指挥、"不干预"政治，只忠于国家、忠于宪法，是从西方的基本国情出发的，恰恰是为了维护资产阶级及其政党的统治。由于西方国家实行的是多党制和代议制，因此，"资产阶级政党不需要各自直接管领一部分军队"①，而是可以通过竞选获取执政地位。军队不介入、不参与资产阶级内部各个党派、各种政治力量的角逐，政党不直接插手军队，有利于多党竞争、轮流执政的实施，有利于维护整个资产阶级统治的稳定，更好地实现资产阶级整体的政治利益。所以，规定军队不介入资产阶级党派斗争，是因为阶级利益高于党派利益，是资产阶级内部"游戏规则"。西方国家的军队为了维护资产阶级利益，从来都是站在资产阶级政党的立场上，明确反对共产主义的主张，有的把反对共产主义纳入政治教育内容之中，有的还写进军队条例等军事法规之中。列宁早在1905年就一针见血地指出，"军队不可能而且也不应当保持中立。使军队不问政治，这是资产阶级和沙皇政府的伪善的奴仆们的口号，实际上他们一向

---

① 《毛泽东选集》第二卷，人民出版社1991年版，第546页。

都把军队拖入反动的政治中"①。由此可见，西方敌对势力鼓吹的"军队非党化、非政治化"和"军队国家化"是一种虚伪的假象。

"军队非党化、非政治化"和"军队国家化"实践上是有害的。西方敌对势力之所以要不遗余力地鼓吹这些错误政治观点，是因为其根本目的，就是要"化"掉中国共产党对我军的领导，颠覆党的执政地位，颠覆人民民主专政的国家政权，推翻我国的社会主义制度。西方敌对势力不愿看到一个强大的社会主义中国出现，千方百计地从各个方面加以遏制，党对军队的绝对领导就是他们重点攻击的目标。他们鼓吹军队中不能建立共产党的组织，军人不应该加入共产党，军队和军人要对各种政治活动保持中立，说到底，就是妄图使我军脱离共产党的领导，改变人民军队的根本性质和政治本色。苏联在这方面的教训极为深刻。苏联在演变前，苏共废除马克思主义政治思想教育内容，进行所谓"超意识形态"的教育，然后颁发《社会团体法》，规定军人活动不受政党决议的束缚，在军队中取消政治机关，默认一切政治组织都有权在军队存在，把官兵思想彻底搞乱了。军队在关键时刻不听指挥甚至临阵倒戈，是苏联这个具有近70年历史的社会主义大国顷刻之间瓦解的重要原因。

我军从来都不讳言自己的政治属性，公开承认是执行党的政治任务的武装集团。全心全意为人民服务是党的唯一宗旨，也是我军的唯一宗旨，我们党和军队除了国家、人民利益外，没有任何自己特殊的利益，从来不代表任何利益集团、任何权势团体、任何特权阶层的利益。我军是党的军队、人民的军队、社会主义国家的军队，这三者是高度一致的。党对军队绝对领导的制度必须坚持、能够实行的根本原因正在于此。我们一定要认清西方敌对势力鼓吹"军队非党化、非政治化"和"军队国家化"的险恶用心，毫不动摇坚持党对军队绝对领导。

思考题：

1. 如何理解军队政治工作必须遵循的原则？

2. 为什么要始终坚持党指挥枪的根本原则和制度？

3. 如何认识"军队非党化、非政治化"和"军队国家化"理论上的荒谬性、本质上的虚伪性、实践上的危害性？

———————————

① 《列宁选集》第一卷，人民出版社 2012 年版，第 669 页。

第六章　军队政治工作的时代主题和基本任务

军队政治工作的时代主题，是指一定历史时期军队政治工作面临的主要问题和根本任务。军队政治工作的基本任务，是指一定历史时期党、国家和军队赋予军队政治工作的使命和责任。军队政治工作的基本任务是对军队政治工作时代主题的展开，规定着军队政治工作的具体任务和工作内容。习近平鲜明提出了军队政治工作的时代主题，阐明了新时代我军政治工作的基本任务。深刻认识和全面把握军队政治工作的时代主题和基本任务，对于明确军队政治工作方向，增强政治工作的针对性和实效性，具有重要意义。

第一节　党的方向就是我军政治工作的方向

军队政治工作的时代主题和基本任务，是对军队政治工作聚焦点着力点的基本规范，是军队政治工作方向的具体体现。军队政治工作的方向从本质上讲是由党的方向决定的。我军是党绝对领导下的人民军队，党的方向就是军队政治工作的方向，政治工作必须在党的旗帜下，紧紧围绕党的奋斗目标和中心任务发挥服务保证作用。

建军以来，在不同的历史时期，我军政治工作都根据当时的时代条件，以及党和军队的奋斗目标和使命任务，分别确定具体的努力方向、时代主题和基本任务。

革命战争年代，我们党和军队的中心任务是武装夺取政权，实现民族独立和人民解放，建立新中国。我军政治工作的目标和任务，就是通过开展思想工作和组织工作，来保证党和军队中心任务的完成。早在红军初创时期，古田会议决议就阐明了"红军宣传工作的任务"与"红军的总任务"之间的关系，指出："红军宣传工作的任务，就是扩大政治影响争取广大群众。由这个宣传任务之实现，才可以达到组织群众、武装群众、建立政权、消灭反动势力、促进革命高潮等红军的总任务。"[①] 1930 年颁布的《中国工农红军政治工作暂行条

---

① 《毛泽东文集》第一卷，人民出版社 1993 年版，第 96 页。

例草案》进一步规定了红军政治工作"两个巩固"的任务，指出"红军的政治工作就是要巩固无产阶级及其先锋队——中国共产党在红军中的领导""政治工作的目的，是巩固红军的战斗力"①。1937 年 8 月，八路军总政治部《关于新阶段的部队政治工作的决定》指出，部队政治工作要"保证在抗战中的胜利""保证党在红军中的绝对领导""保证红军思想上的一致""保证红军的传统和党给我们的伟大任务的完成"。1944 年 4 月，《关于军队政治工作问题》的报告更加明确地提出："整个军队的方向就是政治工作的方向。因此，政治工作的任务，只能根据我军的基本任务（为反帝反封建而斗争，为战争、生产与群众工作而斗争等）与当前具体任务（如反"扫荡"，反"蚕食"，生产运动，整训运动，防止奸细，整顿三风，统一领导，精兵简政，拥政爱民，改善军党、军政、军民、官兵、上下级、各部分军队之间的关系等，依当前需要而作具体布置）去规定，不能在我军基本任务与当前具体任务以外再有所谓政治工作的独立任务。"②

新中国成立后，党和军队的历史方位和使命任务发生了重大变化，我军政治工作的目标和任务也随之有了新的内容。1953 年底至 1954 年初召开全国军事系统党的高级干部会议，提出我军政治工作"两个保障"的基本任务，即"我军的政治工作，就是要以党在过渡时期的总路线和总任务教育部队，进一步从思想上、政治上、组织上纯洁与巩固我们的部队，为保障党在过渡时期的总路线与各项政策的贯彻执行，保障把我军建设成为一支优良的现代化的革命军队"③。1954 年 4 月，我军颁布的新中国成立后第一部政治工作条例，突出强调了政治工作的保证作用，指出政治工作要"保证中国共产党在军队中的政治领导""保证部队在政治自觉的基础上高度的集中统一与具有严格的纪律""保证军队的正规化建设""保证提高军队的军事素养"④。

进入改革开放和社会主义现代化建设新时期后，随着党和军队的工作重心实行战略性转移，我军政治工作确立了"两个服务、四个保证"的指导思想和基本任务。1987 年 1 月，中央军委《关于新时期军队政治工作的决定》指出：

---

① 《中国人民解放军政治工作历史资料选编》第一册，解放军出版社 2002 年版，第 600 页。
② 《中国人民解放军政治工作历史资料选编》第七册，解放军出版社 2004 年版，第 429 页。
③ 《中国人民解放军政治工作历史资料选编》第十二册，解放军出版社 2010 年版，第 618 页。
④ 《中国共产党军事工作重要文献选编》第一卷，中央文献出版社、解放军出版社 2023 年版，第 343—345 页。

"新时期我军的政治工作，必须服务于国家的社会主义现代化建设，服务于军队的现代化建设，从政治上、思想上、组织上保证党对军队的绝对领导和人民军队的性质，保证军队的社会主义精神文明建设，保证军队内部的团结和军政军民团结，保证军队战斗力的提高和各项任务的完成，动员和团结全体官兵把我军建设成为具有中国特色的现代化正规化的革命军队。"[①] 强调这是我军政治工作的基本指导思想。1991 年颁发的《中国人民解放军政治工作条例》，把"两个服务、四个保证"规定为新时期我军政治工作的指导思想和基本任务。其后几次修订政治工作条例，都把"两个服务、四个保证"作为我军政治工作的基本任务。20 世纪 90 年代末，着眼于解决我军面临的"两大历史性课题"，明确了新时期军队思想政治建设的使命，是为打赢未来高技术战争提供强大的精神动力，为保持人民军队的性质、本色和作风提供可靠的政治保证。进入新世纪新阶段，着眼履行我军"三个提供，一个发挥"的历史使命，明确了军队思想政治建设要从思想上、政治上、组织上确保我军始终成为党绝对领导下的人民军队，确保国防和军队建设科学发展，确保有效履行新世纪新阶段我军历史使命。

理论和实践都充分表明，党的方向就是我军政治工作的方向，党和军队的中心任务决定我军政治工作的任务。军队政治工作必须从思想上政治上组织上为党和军队的中心任务提供坚强有力的服务保证。正是由于我军政治工作始终正确确立和准确把握了这个根本要求，才在革命、建设和改革中发挥出重要作用，显示出强大威力。

第二节　军队政治工作的时代主题

军队政治工作的时代主题是，紧紧围绕实现中华民族伟大复兴的中国梦，为实现党在新时代的强军目标提供坚强政治保证。这一时代主题，是习近平着眼党的十八大以来国内外形势的新变化、国防和军队建设的新发展，对我军政治工作的目标、方向、任务作出的战略谋划和科学回答，是新时代党的方向、

---

① 《中国共产党军事工作重要文献选编》第二卷，中央文献出版社、解放军出版社 2023 年版，第 59 页。

党和军队中心任务对军队政治工作使命作出的总规定。

一、军队政治工作时代主题的科学内涵

紧紧围绕实现中华民族伟大复兴的中国梦谋划和开展军队政治工作。实现中华民族伟大复兴，是中华民族近代以来最伟大的梦想，也是新时代我们党的奋斗目标。实现中国梦是党和国家工作大局，是当代中国的时代主题。这一时代主题必然要反映到包括我军政治工作在内的军队建设方方面面，也规定了我军政治工作的时代主题。实现中国梦对军队来说，就是实现强军梦。没有一支强大的军队，没有一个巩固的国防，中国梦就难以真正实现。习近平指出，国防和军队建设，必须放在实现中华民族伟大复兴这个大目标下来认识和推进，服从和服务于这个国家和民族最高利益，为实现中国梦提供坚强力量保证。军队政治工作作为国防和军队建设的重要组成部分，必须把实现中华民族伟大复兴作为根本着眼点来谋划和开展，必须紧紧围绕实现中国梦这个大目标，来确定军队政治工作的原则、内容和方法。

努力为实现党在新时代的强军目标提供坚强政治保证。党的十八大之后，国防和军队建设进入新时代。习近平明确提出，党在新时代的强军目标，是建设一支听党指挥、能打胜仗、作风优良的人民军队。我们党作出国防和军队现代化新"三步走"战略安排，明确到 2027 年实现建军一百年奋斗目标，到 2035 年基本实现国防和军队现代化，到本世纪中叶把人民军队全面建成世界一流军队。军队政治工作作为国防和军队现代化的重要组成部分，必须把为实现强军目标提供坚强政治保证作为重大责任担当起来，教育引导官兵深刻领会党在新时代的强军目标的内涵要义和战略部署，增强认知认同、坚定信念信心；充分发挥党组织在实现强军目标中的领导作用，使各级党组织自觉确立与强军目标要求相适应的思想观念，提高科学决策、民主决策、依法决策水平；激发官兵投身强军事业的积极性、主动性、创造性，使广大官兵把个人理想抱负融入新时代强军实践。

军队政治工作的时代主题具有鲜明的时代性、统领性和实践性，赋予了军队政治工作丰富的时代内涵和更高标准要求，回答了政治工作在强军兴军中如何加强、往哪前进、怎样作为的根本问题，指明和规定着我军政治工作的目标方向和使命任务，为加强和改进新时代军队政治工作提供了根本遵循。军队政治工作的一切活动，都要紧紧围绕时代主题来展开和进行，抓住了这个主题，就抓

住了我军政治工作的关键，整个军队政治工作就立起了"魂"、提起了"纲"。

二、军队政治工作时代主题的重大意义

提出军队政治工作时代主题，具有重大的理论和现实意义。从理论上看，它是党的军事指导理论特别是军队政治工作理论的丰富和发展，标志着对军队政治工作的规律性认识达到一个新的高度。我军政治工作发展史表明，依据新的时代背景，及时提出科学的概念和命题，不仅会有力推动政治工作实践的深化，而且会有力推动政治工作理论体系的形成和完善。如提出"党指挥枪""政治工作是我军的生命线"等重大命题，都曾极大推动了当时军队政治工作的理论发展。习近平创造性提出的军队政治工作时代主题，丰富发展了新时代我军政治工作指导理论，对军队政治工作理论的创新发展起到强大的引领和指导作用。从实践上看，军队政治工作的时代主题来自实践、引领实践，既是重大的理论创新，也是重要的实践要求，它拓展了我军政治工作的使命和任务，明确了新时代我军政治工作的大目标大方向，指明了我军政治工作的聚焦点着力点，为加强和改进我军政治工作注入了新的动力，必然推动我军政治工作实践实现新的跃升。新时代的军队政治工作，必须始终紧紧围绕时代主题来思考谋划和加强改进，使其与时代主题相适应、相呼应，并用时代主题的落实程度来检验政治工作的成效。

第三节　军队政治工作的基本任务

新时代军队政治工作的基本任务是，着眼有效履行新时代军队使命任务，把理想信念在全军牢固立起来，把党性原则在全军牢固立起来，把战斗力标准在全军牢固立起来，把政治工作威信在全军牢固立起来，增强政治意识、大局意识、核心意识、看齐意识，坚定道路自信、理论自信、制度自信、文化自信，培养有灵魂、有本事、有血性、有品德的新时代革命军人，锻造具有铁一般信仰、铁一般信念、铁一般纪律、铁一般担当的过硬部队。其中，着眼有效履行新时代军队使命任务，鲜明指出了我军政治工作的根本目的；"四个牢固立起来"强调了加强和改进政治工作最紧要的任务；增强"四个意识"、坚定"四个自信"，凸显了政治工作思想引领的政治要求和根本所在；培养"四有"

新时代革命军人、锻造"四铁"过硬部队，体现了政治工作的着力点和落脚点。

一、深刻领悟"两个确立"的决定性意义

坚强的领导核心和科学的理论指导始终是关乎党和国家前途命运、党和人民事业成败的根本性问题。《中共中央关于党的百年奋斗重大成就和历史经验的决议》指出："党确立习近平同志党中央的核心、全党的核心地位，确立习近平新时代中国特色社会主义思想的指导地位，反映了全党全军全国各族人民共同心愿，对新时代党和国家事业发展、对推进中华民族伟大复兴历史进程具有决定性意义。""两个确立"是我们党深刻总结党的百年奋斗特别是新时代伟大实践得出的重大历史结论，是党在新时代取得的重大政治成果。

船重千钧，掌舵一人。一个国家、一个政党，领导核心至关重要。在新时代伟大征程中，习近平作为党的核心、人民领袖、军队统帅，在风云变幻中举旗定向、掌舵领航，在大战大考中指挥若定、运筹帷幄，在惊涛骇浪中力挽狂澜、砥柱中流，赢得了全党全军全国各族人民衷心拥护，受到了国际社会高度赞誉。拥有科学理论的政党，才拥有真理的力量；科学理论指导的事业，才拥有光明前途。习近平新时代中国特色社会主义思想，植根于新时代坚持和发展中国特色社会主义的伟大实践，坚持理论指导和实践探索相统一，在指导实践、推动发展中展现出巨大真理力量和独特思想魅力，是经过实践检验、富有实践伟力的强大思想武器。

军队政治工作必须引领官兵深刻领悟"两个确立"的决定性意义，深刻认识"两个确立"是新时代党和国家事业取得历史性成就、发生历史性变革的决定性因素，是党和人民应对一切不确定性的最大确定性、最大底气、最大保证，关乎旗帜道路方向，关乎党运国脉军魂；深刻认识"两个确立"已经写在了新时代的伟大征程上，写在了全党全军全国各族人民的心坎上，必须倍加珍惜、坚定维护、长期坚持。必须引导官兵以高度的政治责任感坚决拥护"两个确立"，增强"四个意识"、坚定"四个自信"、做到"两个维护"，贯彻军委主席负责制，更加坚定自觉地忠诚核心、拥戴核心、维护核心、捍卫核心，始终在思想上政治上行动上同党中央、中央军委保持高度一致，一切行动听从党中央、中央军委和习主席指挥。

二、把四个带根本性的东西立起来

习近平在古田全军政治工作会议上强调，"最紧要的是把四个带根本性的

东西立起来"①，即把理想信念、党性原则、战斗力标准、政治工作威信这四个带根本性的东西立起来。"四个带根本性的东西"秉纲执本、抓纲带目，体现了新时代政治建军的本质要求和内在规律，必须作为根本导向和基本任务贯穿于新时代加强和改进我军政治工作的全部实践。

把理想信念在全军牢固立起来。理想信念作为世界观、人生观、价值观的集中体现，决定着官兵整个人生的发展方向、行为准则、价值追求和精神状态。理想信念动摇是最危险的动摇，理想信念滑坡是最危险的滑坡。如果官兵理想信念出了问题，就会得"软骨病"，军队就会变质变色，打不了仗，更谈不上打胜仗，必须把坚定理想信念当作固本培元、凝魂聚气的战略工程来抓。立理想信念的过程就是立人的过程，政治工作是做人的工作，是在人的头脑里搞建设。把理想信念在全军牢固立起来，必须通过强有力的政治工作，深化党的创新理论武装，用以改造头脑、塑造灵魂，做到学思用贯通、知信行统一。抓理想信念最关键的是抓好领导干部。要坚持教育者先受教育，做到信仰坚定、知行合一，在大是大非面前旗帜鲜明，在风浪考验面前无所畏惧，在各种诱惑面前立场坚定，立起忠诚、干净、担当的好样子，让官兵从领导干部人格力量中体会到信仰的力量。

把党性原则在全军牢固立起来。党性是一个政党固有的本性，是党的性质、宗旨、作风、纪律等各方面要素的集中反映。政治工作是党的工作，坚持党性原则是政治工作的根本要求。军队政治工作要坚定地站在党和人民的立场上，为实现党和人民利益服务，自觉反对和抵制一切错误的思想和行为。把党性原则在全军牢固立起来，必须通过加强和改进政治工作，使全军官兵提高政治站位，坚持党的原则第一、党的事业第一、人民利益第一，坚决维护党中央权威和集中统一领导，坚决听从党中央、中央军委和习主席指挥；要加强党性修养、强化党性锤炼，用好批评和自我批评武器，使之越用越灵、越用越有效果；要立规矩讲规矩守规矩，明白哪些事能做、哪些事不能做，哪些事该这样做、哪些事该那样做，提高制度执行力，养成遇事先问规定、办事讲求规矩的自觉性。各级领导干部要带头坚持真理、坚持原则，敢于同形形色色违反党性原则的人和事作斗争。

把战斗力标准在全军牢固立起来。战斗力标准是军队建设唯一的根本的标

---

① 《习近平著作选读》第一卷，人民出版社 2023 年版，第 312 页。

准。把这一标准在全军牢固立起来，是有效履行我军根本职能的必然要求，也是军队政治工作肩负的基本任务。政治工作必须保障战斗力标准在军队建设各个领域、各项工作中贯彻落实。要聚焦能打仗、打胜仗，健全完善党委工作和领导干部考核评价体系，形成有利于提高战斗力的舆论导向、工作导向、用人导向、政策导向，以刚性措施推动战斗力标准硬起来、实起来。要强化围绕中心、服务大局的意识，按照打赢现代战争要求，探索政治工作服务保证战斗力建设的作用机理，把政治工作贯穿到战斗力建设各个环节，融入到军事斗争准备全过程。要重点纠治对战斗力标准的内涵把握不准，甚至用其他标准代替战斗力标准的现象；纠治把战斗力标准等同于军事标准，把政治工作与战斗力建设分割开来、对立起来，认为政治工作做的是虚功、真打起仗来起不了多大作用的错误观点；纠治找不到融入军事工作结合点、服务保证作用发挥不明显的问题。

把政治工作威信在全军牢固立起来。政治工作是党的工作，其威信事关党和军队的威信，事关政治工作的影响力、感召力、生命力。政治工作的威信主要来自领导干部、政治干部的形象和作为。革命战争年代，我军政治工作威信很高，效果很显著，关键就在于各级领导干部和政治工作者有良好形象，模范带头、以身作则，给广大官兵做出了好样子。政治工作要发扬我党我军优良传统，回到言行一致、以身作则、以上率下等基本原则上来。要从领导干部、政治干部模范带头抓起，通过总结好典型，善用好干部，引导各级干部特别是领导干部、政治干部把真理力量和人格力量统一起来，为官兵立好标杆，为下级树好样子。要强化问题意识、树立问题导向、贯彻整风精神，坚持刀刃向内，着力解决作风形象方面存在的突出问题，在除弊祛疴、重塑形象中提升政治工作威信。要加强政治机关和政治干部队伍建设，努力提高能力素质，以过硬的工作本领和良好的工作业绩感召群众、赢得官兵。

三、培养"四有"新时代革命军人

"四有"是指有灵魂、有本事、有血性、有品德。习近平明确提出："要适应强军目标要求，把握新形势下铸魂育人的特点和规律，着力培养有灵魂、有本事、有血性、有品德的新一代革命军人。"[①] "四有"明确了新时代革命军人素质能力的标准要求，立起了当代中国军人应有的样子。培养"四有"新时代

---

① 《习近平著作选读》第一卷，人民出版社 2023 年版，第 312 页。

革命军人是新时代推进人民军队政治建军、确保党对军队的绝对领导的基础工程、战略工程，指明了新时代军队政治工作的努力方向。军队政治工作必须把培养"四有"新时代革命军人作为基本任务，切实肩负起这一重大政治责任。

有灵魂，就是要信念坚定、听党指挥。心中有魂，才能脚下生根。崇高的理想、坚定的信念，是革命军人的灵魂，是克敌制胜、拒腐防变的决定性因素。占领思想、铸牢军魂，历来是我军的根本力量所在。军队政治工作要坚持思想领先，坚持不懈用党的科学理论铸魂育人，引导广大官兵坚定对马克思主义的信仰，对中国特色社会主义的信念，对实现中华民族伟大复兴中国梦的信心；帮助官兵筑牢思想防线，增强政治免疫力，坚决抵制各种错误思想观点，在重大政治原则问题上保持清醒头脑；毫不动摇坚持党对军队绝对领导的根本原则和制度，自觉做到一切行动听从党中央、中央军委和习主席指挥。

有本事，就是要素质过硬、能打胜仗。我军是执行党的政治任务的武装集团，既要政治过硬，也要本领高强，这个本领就是指能打仗、打胜仗。军队政治工作要牢固树立战斗力这个唯一的根本的标准，引导官兵紧盯打仗需求，提高与打赢现代战争相适应的能力素质；要深入开展我军根本职能教育，使官兵全部精力向打仗聚焦、全部工作向打仗用劲，着眼实战搞训练，做到仗怎么打兵就怎么练，打仗需要什么就苦练什么，部队最缺什么就专攻精练什么；要加强军事高科技学习，使官兵掌握新技能、新战法，练好真功夫、真本事，真正成为驰骋沙场、不辱使命的精兵强将。

有血性，就是要英勇顽强、不怕牺牲。当兵是要打仗的，必须有血性。革命军人尤其要有敢于斗争、敢于胜利的血性胆魄。军队政治工作要大力弘扬我军一不怕苦、二不怕死的战斗精神，引导官兵传承和发扬集体主义和革命英雄主义，始终保持旺盛革命热情和高昂战斗意志，时刻准备为祖国和人民去战斗；要大力培育一往无前、百折不挠的战斗作风，勇于战胜艰难困苦，顶得住挫折压力；要强化官兵奋勇争先的拼搏劲头，敢于担当、迎难而上，见红旗就扛、见第一就争，始终以蓬勃朝气、昂扬锐气创造一流业绩。

有品德，就是要情趣高尚、品行端正。铸将育才，德育为先。中华民族历来崇尚道德、重视修德，我军自建军以来高度重视培养革命军人的道德情操。军队政治工作要教育引导官兵知荣明耻、明辨是非、克己慎行、自律慎独，始终保持高尚的道德追求；教育引导官兵涵养道德修为，自觉遵守社会公德、职业道德、家庭美德、个人品德；教育引导官兵学习中华优秀传统文化，从中汲取思想精华和道德精髓，受到教益，获得启迪；要树立军营道德模范，用先进典型引领官兵构筑精神家园，努力成为品德端正、人格高尚的新时代革命军人。

四、锻造"四铁"过硬部队

"四铁"是指铁一般信仰、铁一般信念、铁一般纪律、铁一般担当。"四铁"是融入共产党人和革命军人血脉的优良传统，是强国强军伟大梦想对军队的时代要求。"四铁"是一个有机整体，共同构成人民军队特有的精神品格。新时代，面对具有许多新的历史特点的伟大斗争和艰巨繁重的军事斗争任务，军队政治工作必须把锻造"四铁"过硬部队作为基本任务，努力打造一支无坚不摧、所向披靡的"铁军"，肩负起党和人民赋予的崇高使命任务。

铁一般信仰，就是对马克思主义矢志不渝、坚定不移的信仰。我军是党绝对领导下，在马克思主义科学真理指导下成长壮大的人民军队，马克思主义是我们立党立军的理论基础和精神旗帜。建军以来，我军之所以能够在攻坚克难中不断发展壮大，关键是有马克思主义理论武装，有远大的革命理想，有为理想而奋斗和献身的崇高追求。全军上下牢固树立起对马克思主义的坚定信仰，就能无往而不胜，永远立于不败之地。要加强对部队的理论武装和精神贯注，使官兵真正学懂弄通马克思主义及其中国化时代化成果，掌握其精髓要义，用理论上的清醒自觉深扎信仰之根；要加强党史军史学习教育，从我党我军不平凡的发展历程中，找到信仰的源头所在、根脉所系；要把部队放在复杂环境、斗争一线、关键时刻去摔打锤炼，感受体悟党的英明伟大，增强对科学真理的坚定信仰；要注重培养和宣扬学习科学理论、坚定政治信仰的先进典型，为官兵立起标杆、树起榜样。

铁一般信念，就是对共产主义和中国特色社会主义的必胜信念。长期以来，我党我军就是靠用坚定的信念把人民团结起来，为人民自己的利益而奋斗，没有这样的信念，就没有凝聚力，就没有一切。要把坚定信念和锻造信仰紧密联系在一起，通过树立信仰明确目标和前进方向，通过坚定信念来强化奋斗意志、坚定必胜信心，即使遇到再大困难也不屈不挠、百折不回；要教育引导部队从历史发展大势中看到党和人民事业的光明前景，正确对待前进道路上遇到的困难挫折和曲折坎坷，排除各种错误观点和思潮的干扰影响，去除悲观消极情绪，增强战胜一切艰难险阻，夺取最后胜利的信心勇气。

铁一般纪律，就是建立在高度自觉基础上的严明、严密、严格的纪律。我军素以纪律严明著称于世。新时代，军队内外环境和官兵成分结构发生了很大变化，更加需要用铁一般纪律正纲纪、肃军威、出战斗力，使部队成为军纪严明、秋毫无犯的钢铁集体。必须把纪律建设摆在更突出的位置，加强纪律教育，强化官兵的纪律观念和号令意识，做到一切行动听指挥，确保军令政令畅通；要使全体官兵严格遵守各方面纪律，始终保持正规的战备、训练、工作、生活秩序，确保部队纯洁巩固和集中统一；要严格执纪，做到纪律面前人人平等，执行纪律没有例外，对违反纪律的人和事要严肃查处，绝不姑息迁就，使纪律成为带电的"高压线"；要把严肃军纪与厉行法治紧密结合起来，深入推进依法治军、从严治军，狠抓条令条例和规章制度落实，使遵纪守法成为部队官兵的行为准则和自觉行动。

铁一般担当，就是在使命任务面前勇于负责，在矛盾困难面前迎难而上，在风险挑战面前积极应对，在歪风邪气面前坚决斗争。铁一般担当是中国共产党领导下的人民军队的历史责任，是共产党人和革命军人必备的精神品质。建军以来，我军铁肩担道义，为拯救民族危亡、实现民族复兴而浴血奋斗，赢得了人民群众的拥护和支持。一方面，要教育引导官兵勇于担当，使全体官兵深刻认识强军的责任、维护国家安全的责任、实现祖国统一的责任，已经历史性地落在新时代革命军人肩上，必须强化责任意识、使命意识，义无反顾地把这一光荣而艰巨的历史责任扛起来。另一方面，要努力提高部队能担当、善担当的本领和能力，教育引导官兵刻苦学习训练，加强实践磨砺，提高自身素质，把打仗本领搞过硬，在党和人民需要的时候挺身而出、堪当重任，不辱使命、不负重托，以实际行动交上优秀答卷。

思考题：

1. 怎样理解党的方向就是我军政治工作的方向？
2. 怎样理解军队政治工作的时代主题？
3. 怎样理解军队政治工作的基本任务？

第七章　军队政治工作的主要内容

军队政治工作的主要内容，是指政治工作在军队建设、作战和执行各项任务中的主要活动，是军队政治工作基本任务的展开和体现。了解和熟悉军队政治工作的主要内容，是研究和开展军队政治工作的基本前提，有助于提高政治工作的主动性和系统性。

第一节　军队政治工作内容的结构体系

军队政治工作的主要内容，涵盖了政治工作的各个领域，从不同方面构成一个相互联系、相辅相成的有机整体，共同保证军队建设的正确方向和各项任务的完成。

一、宣传思想文化工作

宣传思想文化工作包括军队思想政治教育、军事宣传工作、文化工作、经常性思想工作等。

（一）军队思想政治教育

军队思想政治教育，是党为提高官兵思想政治觉悟在军队中进行的铸魂育人工作，是团结动员官兵投身强军兴军伟大事业、履行好新时代使命任务的中心环节。加强思想政治教育，对于增强部队的凝聚力、向心力和创造力，提高战斗力都具有十分重要的意义。

开展思想政治教育，主要是组织学习马克思列宁主义、毛泽东思想、邓小平理论、"三个代表"重要思想、科学发展观，坚持用习近平新时代中国特色社会主义思想凝心聚魂，突出学好习近平强军思想。进行党的路线方针政策、人民军队性质、宗旨、优良传统教育和党史、国史、军史学习教育。进行军魂、理想信念、马克思主义战争观、军队职能使命、形势战备教育和战斗精神培育。进行思想道德与法治、形势政策教育，培育社会主义核心价值观。

（二）军事宣传工作

军事宣传工作，是指由军队管理和实施的宣传教育、舆论引导工作，是党的新闻宣传工作的重要组成部分，是我军建设和作战的思想舆论保证，是激励部队士气、获得人民群众支持、创造有利舆论环境条件的重要方式和手段。

开展军事宣传工作，主要是宣传党的基本理论、基本路线、基本方略和党中央、中央军委的重大决策部署，宣传强军兴军重大成就和先进典型，宣传部队全面建设的经验成果；坚持正确舆论导向，做好军事新闻宣传、军事对外宣传以及军队报刊、广播、影视、新闻和出版、网络宣传等工作；做好党史军史工作。

（三）文化工作

文化工作，是我军为提高官兵文化素质，陶冶官兵情操，强健官兵体魄，占领和活跃部队思想文化阵地，巩固和提高部队战斗力而进行的工作，是营造部队积极向上良好氛围的重要手段，是促进官兵全面发展、增强素质的重要途径。

做好文化工作，主要是建设先进军营文化，繁荣发展强军文化，组织开展群众性文体活动，管理文化装备、器材和设施，搞好文化服务、浓郁文化氛围。

（四）经常性思想工作

经常性思想工作，是针对官兵现实问题和活思想，随时随地进行的教育疏导工作，是发挥政治工作服务保证作用的一项基础性工作。它贯穿战备、训练、工作、生活各方面全过程，具有很强的及时性、针对性、灵活性和群众性。

开展经常性思想工作，主要是针对官兵的现实思想问题及时进行教育，做好一人一事思想工作，开展群众性思想互助活动，加强人文关怀和心理疏导，发挥部队、社会、家庭共教共管共育作用。

二、组织建设

组织建设包括军队党组织建设、群团工作、基层建设、民主制度建设、功勋荣誉表彰和优抚工作等。

（一）军队党组织建设

军队党组织建设，是指军队各级党组织进行的政治建设、思想建设、组织建设、作风建设、纪律建设、制度建设和反腐败斗争，是党的建设的重要组成部分，是做好军队全部工作的关键环节，也是实现党在新时代的强军目标、履行新时代我军使命任务的组织保证。

加强军队党组织建设，主要是坚持党要管党、全面从严治党的方针，增强党组织的领导力、组织力、执行力。建强组织体系，强化政治功能和组织功能，贯彻民主集中制，加强集体领导，坚持党委（支部）统一的集体领导下的首长分工负责制。做好发展党员和党员教育、管理、监督、服务工作。严肃党内政治生活，按照规定实行党务公开，发扬党内民主，保障党员民主权利。

（二）群团工作、基层建设和民主制度建设

群团工作，是发挥官兵主体作用，调动官兵积极性主动性创造性，促进部队全面建设发展的重要工作。开展群团工作，主要是建立健全共青团组织，落实团的组织生活和工作制度，围绕部队中心任务开展适合青年特点的教育和活动。

基层建设，是为打牢部队全部工作和战斗力的基础而进行的实践活动。加强基层建设，主要是坚持按纲抓建，完善抓建基层制度机制，加强和改进指导帮建工作，协调解决突出矛盾问题，推动基层建设全面进步、全面过硬。

民主制度建设，是指为保障官兵民主权利、发挥官兵主体作用、促进我军全面建设而进行的制度建设及实践活动。加强民主制度建设，主要是做好军人代表大会、军人代表会议、军人大会、军人委员会有关工作，开展政治民主、经济民主、军事民主，实现和维护官兵民主权利。

（三）功勋荣誉表彰和优抚工作

功勋荣誉表彰工作，是人民军队克敌制胜、发展壮大的重要法宝和优良传统。优抚工作，是指依照国家法律法规规定，对相关人员给予的物质照顾、优先优惠和精神抚慰。

做好功勋荣誉表彰和优抚工作，主要是构建军人荣誉体系，奖励、表彰和褒扬有突出贡献的单位和人员；会同地方有关部门对军队人员及其家属实施优待，对烈士、因公牺牲、病故军队人员的遗属和残疾军队人员进行抚恤。

三、军事人力资源工作

军事人力资源工作是指对军队现役人员、文职人员和预备役人员等进行教育、培养、使用、管理和监督的实践活动。做好军事人力资源工作，对于推进军事人员现代化，为强军兴军提供坚强组织保证和有力人才支撑具有重要意义。

做好军事人力资源工作，主要是做好军官（警官）的选拔补充、教育培训、考核、晋升任用、交流、退役安置，军士（警士）的选改招收、教育培训、考核、晋升任用、调整交流、退出现役，义务兵的征集补充、军衔（警衔）授予晋升、配备使用、培养和考核、退出现役，文职人员的招录聘用、培训交流、考核任用、退出，预备役人员的选拔补充、军衔授予和晋升任用、培训考核、退出预备役，离退休干部的移交安置、教育管理、服务保障工作和干休所全面建设，以及军队职工、社会用工和专职人民武装干部管理有关工作；做好军队人员福利待遇有关工作。

四、群众工作和信访工作、联络工作

群众工作是指为密切同人民群众的血肉联系，开展的宣传群众、服务群众、团结群众、依靠群众的工作，是贯彻党的群众路线和人民战争思想的具体实践，是保持人民军队性质、宗旨、本色的重要保证，是军队的优良传统和政治优势。

信访工作是群众工作的重要组成部分，是践行群众路线的重要桥梁。做好群众工作和信访工作，主要是开展军队宗旨和拥政爱民教育，开展军民共建社会主义精神文明活动，参与民族团结进步创建；会同地方党委和政府开展双拥模范创建，协调地方支持部队建设、落实拥军优属政策，组织人民群众拥军支前；组织部队参加和支援经济社会建设，开展经常性拥政爱民活动；执行军队群众纪律，做好民兵政治工作，以及全民国防教育、军营开放有关工作；听取反映官兵群众意见，及时妥善处理信访事项，加强矛盾纠纷排查化解，维护信访人合法权益。

联络工作是我军根据党的统一战线政策和赋予军队的任务所进行的瓦解敌军、团结友军的工作。做好联络工作，主要是开展瓦解敌军、团结友军工作，开展对台有关工作，做好俘虏工作。

五、纪检监察工作和巡视巡察工作

（一）军队党的纪律检查工作

军队党的纪律检查工作是对军队各级党组织和党员履行党员义务、执行党的纪律等情况进行监督检查的工作，是我军各级党组织维护、执行党的纪律的重要工作，是加强党组织自身建设的重要途径，是保持党组织和党员队伍先进性、纯洁性的重要保证，是增强党组织创造力、凝聚力、战斗力的重要手段。

做好军队党的纪律检查工作，主要是维护党章和其他党内法规，维护党的

纪律特别是政治纪律；检查党的路线、方针、政策和决议，党中央、中央军委决策部署以及上级决议、命令、指示执行情况，检查落实党对军队绝对领导、贯彻军委主席负责制情况；推进全面从严治党、加强党风廉政建设和反腐败工作；开展遵守纪律教育和廉政教育，推进廉洁文化建设，强化党性观念和纪律意识；监督检查贯彻落实中央八项规定精神、军委十项规定及其实施细则精神情况，开展作风督查，查纠形式主义、官僚主义、享乐主义和奢靡之风问题，纠治官兵身边的腐败和不正之风；组织开展部队遂行作战、日常战备、军事训练和非战争军事行动中纪检工作；对党组织和党员干部履行职责、行使权力进行监督，对党内监督发现的问题以及巡视巡察、审计等移交问题督促整改落实；运用监督执纪"四种形态"，受理处置有关检举、控告和申诉，开展谈话提醒、约谈函询，审核党风廉政情况；检查处理党的组织和党员违犯党纪案件，决定或者取消对这些案件中的党员的处分；监督检查党委主体责任、纪委监督责任、行业部门廉政主管责任和党员干部领导责任落实情况，对失职失责的进行问责或者提出责任追究建议，向监督对象所在单位提出纪律检查建议；督促履行党员义务，保障党员权利。

（二）军队监察工作

军队监察工作是军队监察机关对现役军人、文职人员、军队管理的离退休人员和其他人员，以及执行军事任务的预备役人员和其他人员（统称"监察对象"）行使权力情况进行的监察工作。军队各级监察委员会与同级党的纪律检查委员会合署办公。

做好军队监察工作，主要是维护宪法、法律和军队的法规制度；做好监督调查处置工作，依法监察军队人员行使权力情况，调查职务违法和职务犯罪，作出军纪处分决定，将涉嫌职务犯罪调查结果移送审查起诉，对履行职责不力、失职失责的党员领导干部进行问责或者提出责任追究建议，向监察对象所在单位提出监察建议；受理有关申诉；监督监察部队执行作战、训练和非战争军事行动等任务情况。

（三）军队巡视巡察工作

巡视是党章赋予的重要职责，是党内监督的战略性制度安排，是加强党的建设的重要举措。巡视是政治巡视，是上级党组织对下级党组织履行党的领导职能责任的政治监督。巡察工作是巡视向基层延伸的重要制度安排，是推动全面从严治党向纵深发展的重要举措。

做好军队巡视巡察工作，主要是督导被巡视巡察单位党组织领导班子及其成员坚定拥护"两个确立"、坚决做到"两个维护"，全面深入贯彻军委主席负责制；聚焦坚持党对军队绝对领导、加强军队党的建设、全面从严治党，紧扣党组织履行职能责任，深化巡视巡察，发现问题、形成震慑，重点对被巡视巡察单位党组织领导班子及其成员遵守党章党规党纪、落实全面从严治党主体责任和监督责任等情况开展政治监督，着力发现党的领导弱化、党的建设缺失、全面从严治党不力，党的观念淡漠、组织涣散、纪律松弛，管党治党宽松软等问题，纠治官兵身边的腐败和不正之风，加强巡视巡察整改和成果运用，深化以巡促改、以巡促建、以巡促治。

六、政法工作

政法工作是我军内部运用法律手段保护国家利益和军事利益，维护军队和军队人员的合法权益，防范与打击军内违法犯罪和境内外敌对势力、敌对分子的渗透破坏活动的工作，是党和国家政法工作的组成部分，包括安全保卫工作、军事审判工作、军事检察工作和军队司法行政工作、政法综合统筹工作等，是加强军队全面建设、保持安全稳定、巩固和提高战斗力的重要条件。

（一）安全保卫工作

安全保卫工作，是指我军为维护部队纯洁和稳定，依法对军队内部的违法犯罪行为和境内外敌对势力、敌对分子的渗透破坏活动进行的防范和侦查工作。

做好安全保卫工作，主要是开展隐蔽斗争工作，防范和打击敌对势力的渗透、心战、策反、窃密等破坏活动；做好刑事侦查、特勤保卫等以及重大活动的安全保卫、重要军事目标安全技术防范以及羁押监管等工作。

（二）军事审判、军事检察、军队司法行政工作

军事审判工作，是指中华人民共和国设立在军队中的审判机关，依法代表国家审理军队内部的刑事、民事和行政案件以及法律规定的其他案件的专门工作。军事检察工作，是指中华人民共和国设立在军队中的检察机关，依法代表国家行使检察权开展的法律监督工作。军队司法行政工作，是指我军辅助和保障国家司法权在军队实施的行政管理工作。

做好军事审判、军事检察、军队司法行政工作，主要是军队中依法行使审判权、检察权，保证宪法、法律在军队的统一实施；运用法律手段维护国防和

军事利益，维护军队人员及其家属权益；做好法律咨询和服务工作。

（三）政法综合统筹工作

政法综合统筹工作，是指对健全政法工作领导体系、政策制度、安全保卫、军事审判、军事检察、司法行政工作等各项工作的统筹协调。

做好政法综合统筹工作，主要是指导、支持、督促政法单位依法行使职权，指导部队开展预防犯罪综合治理，组织参加平安创建活动，组织开展法治教育和法治军营创建活动，协调推动军队执法司法协作工作等。

七、政治工作研究和信息化建设

政治工作研究，是为军队政治工作提供理论支持和决策咨询的活动，是军队政治工作理论建设的重要环节。加强政治工作研究，主要是研究政治工作的历史、现状和发展趋势，研究新时代政治工作的特点规律和方式方法，研究政治工作的学科体系，研究外军有关情况等，为加强和改进政治工作提供理论指导和决策咨询。

军队政治工作信息化建设，是指在政治工作中广泛应用现代信息技术手段，深入开发利用信息资源，提高政治工作质量与效益，更好发挥其服务保证作用的活动。加强军队政治工作信息化建设，主要是抓好政治工作信息资源开发利用、开放共享和规范管理，用好用活网络平台，抓好强军网建设、运用和管理等，推动政治工作传统优势与信息技术高度融合。

八、备战打仗中政治工作

加强备战打仗中政治工作，是提高军事斗争准备质量、增强军事训练效果、完成作战和非战争军事行动任务的根本保证。相关内容见本书第八章。

第二节　新时代军队政治工作内容的新要求

军队政治工作的内容，是在总结我军政治工作优良传统的基础上形成的，同时又根据时代条件的新变化、使命任务的新拓展、军队建设和军队政治工作的新实践，不断被赋予新的内涵和要求，从而实现新的丰富发展。新时代军队政治工作的主要内容，具有一系列体现鲜明时代特征的新要求。

一、坚持用习近平新时代中国特色社会主义思想凝心铸魂

党的十八大以来，中国特色社会主义进入新时代，以习近平同志为主要代表的中国共产党人，坚持把马克思主义基本原理同中国具体实际相结合、同中华优秀传统文化相结合，创立了习近平新时代中国特色社会主义思想，实现了马克思主义中国化时代化新的飞跃。在推进强军事业、支撑复兴伟业中形成习近平强军思想并不断丰富发展，开拓了当代中国马克思主义军事理论和军事实践发展新境界。

理论创新开辟新境界，理论武装必须达到新高度。要不断把学习贯彻习近平新时代中国特色社会主义思想引向深入，突出学好习近平强军思想，更好用以统一思想、统一意志、统一行动，把精神状态激发出来，把奋进力量凝聚起来，实现全军在新的历史条件下的空前团结统一。注重从新时代强军事业的生动实践和伟大成就中感悟思想伟力，不断增强把学习贯彻引向深入的自觉性坚定性，更加牢固确立习近平强军思想在国防和军队建设中的指导地位。坚持读原著、学原文、悟原理，坚持多思多想、学深悟透，全面学习领会习近平强军思想的重大意义、科学体系、精髓要义、实践要求，科学运用这一思想蕴含的当代中国马克思主义军事观和方法论，做到整体把握、融会贯通。坚持学思用贯通、知信行统一，以学铸魂、以学增智、以学正风、以学促干，把学习成效转化为坚定理想、锤炼党性和指导实践、推动工作的强大力量，转化为投身国防和军队现代化建设的实际行动。

二、全面加强新时代军队党的建设

党的十八大以来，以习近平同志为核心的党中央高度重视军队党的建设，作出一系列重要部署、推进一系列重大工作，我军党的领导和党的建设取得历史性成就和重要经验。随着我军整体性、革命性重塑，军队党组织的体系结构、类型设置、职能配置等相应发生了很大变化，军队党的领导和党的建设也面临许多新情况新问题。新时代新征程，必须全面加强人民军队党的建设，着力解决各级党组织在坚持党对军队绝对领导、抓备战打仗能力、落实管党治党政治责任等方面存在的突出问题，确保枪杆子永远听党指挥。

要落实新时代党的建设总要求，落实新时代党的组织路线，坚持党对军队的绝对领导，坚持全面从严治党，坚持聚焦备战打仗，全面提高我军加强党的领导和党的建设工作质量，为实现党在新时代的强军目标、完成好新时代我军

使命任务提供坚强政治保证。着力抓好党的政治建设，最根本的是确保党对军队的绝对领导，教育引导广大官兵坚决维护党中央权威和集中统一领导，坚决听从党中央、中央军委和习主席指挥。推进全面从严治党，首先要从党内政治生活严起，增强党内政治生活的政治性、时代性、原则性、战斗性，贯彻落实民主集中制，多用常用、用够用好批评和自我批评的武器，弘扬和践行忠诚老实、公道正派、实事求是、清正廉洁等价值观，以良好政治文化涵养风清气正的政治生态。锻造坚强有力的党组织，必须坚持组织路线服务政治路线，聚焦备战打仗主责主业，加强我军党的组织体系建设，增强各级党组织的领导力、组织力、执行力，提高党委战略谋划、真打实备、改革创新、科学管理和狠抓落实能力，强化基层党组织政治功能和组织力，把党的政治优势和组织优势转化为制胜优势。

三、锻造德才兼备的高素质、专业化新型军事人才

人才是推动我军高质量发展、赢得军事竞争和未来战争主动的关键因素。党的十八大以来，党中央和中央军委深入实施新时代人才强军战略，各级坚持人才工作正确政治方向，聚焦备战打仗培养人才，加强军事人员现代化建设布局，深化军事人力资源政策制度改革，推动人才领域开放融合，我军人才工作取得历史性成就。当前，世界百年未有之大变局加速演进，新一轮科技革命和军事革命日新月异，我军正按照国防和军队现代化新"三步走"战略安排，向实现建军一百年奋斗目标迈进，必须加快军事人员现代化，更好发挥人才对强军事业的引领和支撑作用。

实施新时代人才强军战略，要贯彻习近平强军思想，贯彻新时代军事战略方针，贯彻新时代国防和军队现代化战略安排，推动军事人员能力素质、结构布局、开发管理全面转型升级，锻造德才兼备的高素质、专业化新型军事人才，确保军事人员现代化取得重大进展，关键领域人才发展取得重大突破。统筹全局、突出重点，全面推进人才培养、使用、评价、服务、支持、激励等各项工作，以重点突破带动整体提升。提高备战打仗人才供给能力和水平，着力建强联合作战指挥人才、新型作战力量人才、高层次科技创新人才、高水平战略管理人才等各方面人才队伍。贯彻新时代军事教育方针，落实院校优先发展战略，加快建设一流军事院校、培养一流军事人才，发挥军队院校教育、部队训练实践、军事职业教育三位一体育人功能。创新军事人力资源管理，用好用

活各方面人才，形成具有我军特色的人才培养和使用模式。

四、培育一不怕苦、二不怕死的战斗精神

战争不仅是物质的较量，更是精神的比拼。战斗精神是军人信念、情感、意志、作风的集中体现，是军队战斗力的重要因素，是军事实践中激发人的主观能动性、发挥人的决定作用的关键。我军历来以敢打敢拼闻名于世。敢于斗争、敢于胜利，一不怕苦、二不怕死，是人民军队血性胆魄的生动写照。在相对和平环境中，我军始终面临精神懈怠的危险，一些官兵容易滋生松懈麻痹思想，军队保持旺盛不衰的战斗精神是很难的；官兵成分结构发生很大变化，"骄娇"二气在一些官兵身上比较严重；我军现代化水平和实战能力上了一个大台阶，主战武器装备加快更新换代，但人始终是战争制胜的决定因素，钢多了，气要更多，骨头要更硬。

培育一不怕苦、二不怕死的战斗精神，要从思想上入手，加强马克思主义战争观和我军根本职能教育，解决好为谁扛枪、为谁打仗，当兵干什么、练兵为什么等根本性问题，增强忧患意识、危机意识、使命意识，树牢当兵打仗、带兵打仗、练兵打仗和随时准备打仗的思想。注重在作战、训练等各项任务中锤炼磨砺，从难从严从实战出发，在艰苦严格的训练中、在近似实战的环境中、在严峻复杂的军事斗争中摔打和锻炼部队、砥砺意志品质、锻造血性胆魄。发挥军事文化的滋养培育作用，用好我国古代赞扬和弘扬军队英勇精神的优秀文化，学习我军战史、战例、战将、战斗英雄，营造战味浓郁的军营文化环境，引导官兵崇尚英雄、学习英雄、争当英雄。发挥政策制度的调节作用，完善军人权益保障机制和政策激励机制，增强军事职业吸引力和军人的使命感荣誉感。

五、全面锻造"三个过硬"基层

基层是部队建设和战斗力的基础。我们党在建军治军长期实践中，始终高度重视基层建设，我军从小到大、从弱到强、从胜利走向胜利，广大基层官兵作出了重要贡献。现在，强军兴军步伐很快，我军基层建设正面临许多新情况新变化，从使命任务要求到建设内涵，从日常运行状态到部队组织形态，从官兵成分结构到外部社会环境，都发生了许多新的变化，呈现许多新的特点，对抓基层打基础提出了更高要求。实现党在新时代的强军目标，需要广大基层官

兵共同努力，要适应新的形势和任务要求，推动基层建设全面进步、全面过硬。

要发扬优良传统，强化改革创新，全面锻造过硬基层，为推进强军事业提供坚实基础和支撑。锻造听党话、跟党走的过硬基层，坚持从思想上政治上建设和掌握部队，把政治建军要求落实到基层建设各方面和全过程，加强对青年官兵的政治引领，确保党对军队的绝对领导直达基层、直达官兵。锻造能打仗、打胜仗的过硬基层，紧紧围绕备战打仗加强基层建设，把战斗力标准落到基层，把战斗力建设强到基层，使基层真正做到召之即来、来之能战、战之必胜。锻造法纪严、风气正的过硬基层，全面落实依法治军、从严治军方针，以严明的法治和纪律凝聚铁的意志、锤炼铁的作风、锻造铁的队伍。各级党委机关要强化强基固本思想，树立大抓基层鲜明导向，坚持把工作重心放在基层，把指导帮建的着力点放在提高基层自建能力上，把党对基层建设的领导落到实处。

六、坚定不移正风肃纪反腐

党的十八大以来，党中央、中央军委狠抓全面从严治党、全面从严治军，带领全军坚持以严的基调正风肃纪，坚持以零容忍的态度反腐惩恶，坚持体系治理纯正生态，推动人民军队实现革命性锻造，人民军队光荣传统和优良作风有力回归。全面从严治党永远在路上，党的自我革命永远在路上，作风建设和反腐败斗争形势依然严峻复杂。

作风问题具有顽固性和反复性。要扭住不放、持之以恒，在常和长、严和实、深和细上下功夫，深入纠治"四风"特别是形式主义、官僚主义，抓住普遍发生、反复出现的问题深化整治，严肃查处官兵身边的腐败和不正之风，管出习惯、抓出成效、化风成俗，推进作风建设常态化长效化。军队是拿枪杆子的，军中绝不能有腐败分子的藏身之地，惩治腐败这一手必须紧抓不放。要深入学习贯彻习近平关于党的自我革命的重要思想，打好反腐败斗争攻坚战持久战，坚持无禁区、全覆盖、零容忍，坚持重遏制、强高压、长震慑，坚持受贿行贿一起查，坚持有案必查、有腐必惩，在铲除腐败问题产生的土壤和条件上持续发力、纵深推进，更加有力遏制增量，更加有效清除存量，一体推进不敢腐、不能腐、不想腐。强化监督执纪问责，坚持纪严于法、纪在法前，把纪律和规矩挺在前面，深化运用监督执纪"四种形态"，把巡视利剑磨得更光更亮，发挥好审计在反腐治乱方面的重要作用，逐级压紧责任，失责必问、问责必严，把板子打到具体人身上，既让铁纪"长牙"、发威，又让党员干部重视、警醒、知止。铲除不良作风和腐败现象滋生蔓延的土壤，根本上要靠法规制度。要全方位扎紧制度笼子，把法规制度建设贯穿到反腐倡廉各个领域、落实到制约和监督权力各个方面。要把厉行法治作为治本之策，把权力运行的规矩立起来、讲起来、守起来，真正做到谁把法律当儿戏，谁就必然要受到法律的惩罚。

七、深入推进政治整训

政治整训是我们党从思想上政治上建设和掌握军队的成功实践和重要经验，是党的自我革命在建军治军实践中的具体运用和展开，是保证党员干部永葆先进性和纯洁性的重要途径，对推动贯彻落实新时代政治建军方略具有重要意义。党的十八大以来，习主席领导推进政治整训，引领全军重振政治纲纪、重塑政治生态，人民军队在党的旗帜下铸牢军魂，实现了思想上洗礼、组织上纯洁、政治上团结。政治整训不是一蹴而就的，必须常抓不懈、久久为功，始终强化持续深化政治整训的清醒和坚定，充分认清新征程上深化政治整训的现实意义和长远意义，保持丝毫不能松的韧劲定力，坚定不移推进政治整训。

深入推进政治整训，要坚持从政治上抓，着力解决党对军队绝对领导带根本性的问题。必须正确把握原则目标，坚持政治引领，坚持服务中心，坚持全员覆盖，坚持严的基调，坚持纠建并举，突出高层党委、高级干部，切实在铸牢忠诚品格、锻造政治能力、肃清流毒积弊、提振奋斗状态上见成效。坚持问题导向立起政治整训靶标，既查纠表象问题更彻改深层次问题，抓整治整改突出政治纲纪、选人用人、行业积弊、工作作风、军规军纪等重点，抓政治训练着力解决思想改造跟不上、政治能力跟不上、党性锤炼跟不上、创新精神跟不上、实干担当跟不上等问题。加强体系治理、常态治理、依规治理，统筹推进学思想、强组织、正作风、励担当、严纪律，把制度建设贯穿其中，不断把政治整训引向深入。

思考题：

1. 怎样理解新时代军队政治工作内容的新要求？

2. 如何深入抓好新时代军队党的创新理论武装工作？

3. 如何锻造德才兼备的高素质、专业化新型军事人才？

第八章 军队备战打仗中政治工作

军队首先是一个战斗队，备战打仗是军队的主责主业。备战打仗中政治工作，是指军事斗争政治工作准备、作战中政治工作、训练和非战争军事行动中政治工作等。学习研究军队政治工作，必须继承发扬我军备战打仗中政治工作的优良传统，深入了解现代战争特点及对军队政治工作提出的新要求，全面掌握备战打仗中政治工作主要内容，探索把握政治工作服务保证备战打仗的作用机理。

第一节 备战打仗中政治工作的历史经验和时代要求

善于总结历史经验，准确把握时代要求，是人民军队的鲜明特质，也是我军成长壮大、不断从胜利走向胜利的重要法宝。聚力实现建军一百年奋斗目标，提高政治工作服务备战打仗质效，必须注重从我军历史中探寻规律，准确把握新的时代条件和战争特点，并在备战打仗实践中创造性转化运用。

一、我军备战打仗中政治工作的历史经验

我军是在与国内外强大对手的长期斗争中成长起来的。自诞生之日起，军队政治工作就立足于作战需要，与军事工作紧密配合，在服务保证我军克敌制胜的同时，积累了独特而宝贵的经验。

一切为了作战胜利。这是我军备战打仗中政治工作的根本指向，贯穿于军队建设和备战打仗各领域全过程。土地革命战争时期，面对穷凶极恶的敌人和严酷的斗争环境，我们党强调"政治工作是提高红军战斗力的原动力"，确立"一切政治工作，要服从整个作战计划；一切政治工作，都要为着前线上的胜利"① 的指导思想，政治工作紧紧围绕作战任务，深入开展作战动员教育、进行整军整风、发动和组织人民群众参战支前，惩处内部奸细、叛变分子和动摇逃跑分子，保证红军击退敌人的围追堵截，征服极端恶劣的自然环境，并在斗

---

① 《周恩来军事文选》第一卷，人民出版社 1997 年版，第 325 页。

争中不断发展壮大。解放战争时期，根据形势新发展和官兵成分结构新变化，广泛开展团结互助运动、立功运动和新式整军运动，极大增进军队内部团结，激发奋勇杀敌斗志，提升部队的战斗力。

加强党对作战的领导。党对作战实施坚强有力领导，是我军的优良传统和特有政治优势，是保证作战方向正确、赢得作战胜利的根本和关键。南昌起义时，我们党就成立前敌委员会作为起义行动的领导中枢，并在各军、师建立党委，各团建立党支部。1929 年，针对当时部队中关于军队领导权和指挥权方面存在的模糊认识，党中央在给红四军前委的"九月来信"中明确强调，"红军中党的一切权力集中于前委的原则绝对不能动摇"。古田会议后，随着政治建军原则的确立，党对作战的领导进一步加强。抗日战争时期，党在八路军、新四军中设立军政委员会，作为党在该部队的最高领导机构。解放战争时期，我军全面恢复党委制，制定发布了党委工作一系列法规文件，党委领导作战的职权更加规范明晰。抗美援朝战争中，我军根据多兵种协同作战等特点，探索建立联合党支部、坑道党支部等多种形式的党组织，使党对作战的领导深入到前沿一线，延伸到各个战位，创造了上甘岭战役等众多战争奇迹。

激发官兵战斗精神。战争是物质的较量，也是精神的比拼。我军历来是打精气神的，以强大战斗精神闻名于世，创造了一个个以少胜多、以劣胜优、以弱胜强的战争活剧。长征途中，我们党以"革命理想高于天"激励引领官兵，靠吃皮带、吃草根树皮，征服雪山草地，以顽强毅力和战斗作风突破敌人重重"围剿"。解放战争时期，刘邓大军千里跃进大别山，叫响"狭路相逢勇者胜"，为我军"大举出击、经略中原"打下坚实基础。抗美援朝战争中，志愿军官兵以"钢少气多"力克"钢多气少"，展现出"谜一样的东方精神"，战胜不可一世的美国军队，打出了血性，打出了军威，谱写了惊天地、泣鬼神的雄壮史诗。

服务和促进军事训练。我军自成立以来，高度重视军事训练中政治工作，始终把服务军事训练、促进人与武器的最佳结合作为政治工作的重要任务。1934 年 2 月，朱德在全国红军第一次政治工作会议上的讲话中指出，"要从政治工作的角度来领导提高红军的军事技术与战术"[①]。抗日战争时期，我军利用作战间隙，在政治整训的基础上，大力加强军事整训，巩固和加强党在部队中

---

① 《朱德军事文选》，解放军出版社 1997 年版，第 154 页。

的绝对领导，克服军阀主义和游击习气。解放战争时期，全军广泛开展大练兵活动和军事互助运动，贯彻军事民主，极大调动官兵训练热情，增强了军事训练效果，为赢得战争胜利做出重大贡献。新中国成立后，我军注重加强正规化训练中的政治工作，大力开展创优等射手、特等射手和技术能手活动，学习推广郭兴福教学法，积极配合"大比武"培养造就教练员和业务尖子，掀起群众性练兵热潮，为提高训练质量发挥积极作用。

动员人民群众参军支前。兵民是胜利之本。习近平指出，来自人民、为了人民，始终与人民血肉相联、生死与共，是我军的制胜之本、力量之源。我党我军创造了人民战争的战略战术，仗打到哪里，群众工作就跟进开展到哪里，陷敌于人民战争的汪洋大海。抗日战争时期，八路军总政治部《关于目前新形势下的政治工作中心的指示》明确指出，"猛烈扩军，巩固壮大部队，提高战斗力"是"目前我军政治工作的中心"之一，要求部队在"作战前进中，普遍进行居民工作，用有力的鼓动，动员人民热烈参军"。[①] 解放战争时期，我军在同国民党军英勇作战的同时，深入群众开展宣传教育，激发参军参战热情，动员 880 万民兵、民工，140.9 万辆各种运输车，36.3 万副担架，6.9 亿多公斤军粮，有力支援了辽沈、淮海、平津三大战役，为解放战争的胜利提供了坚强保障。

有效分化瓦解敌军。瓦解敌军是从政治上动摇敌人军心，削弱敌军战斗力的策略手段，是我军政治工作作战功能的直接体现。早在土地革命战争时期，毛泽东就指出："对敌军的宣传，最有效的方法是释放俘虏和医治伤兵。"[②] 从井冈山斗争时期提出宽待俘虏政策，到抗日战争时期对日伪军攻心夺气，我军瓦解敌军的理论和策略日趋成熟。解放战争时期，配合对敌军事打击，我军开展强大政治攻势，有效分化瓦解敌人营垒，动摇敌人军心，改造俘虏兵补充我军，迅速扩大战果，加速战争胜利。

二、现代战争特点及对军队政治工作提出的新要求

现代战争信息化程度不断提高，智能化特征日益显现，战争制胜观念、制胜要素、制胜方式都在发生重大变化，呈现出许多新的特点，对军队政治工作

---

① 《中国人民解放军政治工作历史资料选编》第七册，解放军出版社 2004 年版，第 868 页。
② 《毛泽东选集》第一卷，人民出版社 1991 年版，第 67 页。

提出了新的更高要求。

现代战争政治性显著增强，军队政治工作必须强化政治引领，确保军事行动的正确方向。军事服从政治，政治性是军队的本质属性。当今时代，军事与政治的联系更加紧密，政治因素对战争的影响和制约愈发凸显，军事斗争的政治性、政策性、敏感性显著增强。仗打还是不打、什么时候打、怎么打、打到什么程度，都要服从和服务于政治。这就要求军队政治工作必须旗帜鲜明讲政治，始终从政治高度思考和处理军事问题，坚决用党中央、中央军委和习主席决策意图统一思想、统一意志、统一行动，着力强化官兵特别是各级指挥员的政治意识、大局意识、号令意识，叫打就坚决打、叫停就立即停、叫撤就果断撤，使军事行动服从服务于国家政治外交大局和安全战略全局。

现代战争是一体化联合作战，军队政治工作必须强化联合意识、培塑联合文化，推动形成联合制胜整体合力。现代战争战场空间全域多维，作战要素高度联动，对作战行动的联合性、协调性、整体性提出更高要求。构建联合作战体系不仅是武器装备、作战信息、指挥层次等要素的物理叠加，而且是联合作战理念、手段、流程、制度、文化等方面的深度融合。这就要求军队政治工作必须大力培育联合文化，培塑联合价值观念和思维方式，构建系统完备的联合作战法规体系，形成服从统一指挥、尊崇联合至上、主动团结协作、勇于牺牲奉献等价值理念，为发展我军特色联合训练体系、加速提升一体化联合作战能力，注入政治和文化灵魂。

现代战争科技和人才作用更加突出，军队政治工作必须下大力提升官兵能力素质，锻造德才兼备的高素质、专业化新型军事人才。现代战争中，军队作战体系的技术构成更趋复杂、知识密集程度不断提高，科技成为核心战斗力，人才成为赢得战争胜利的关键因素。从实际看，我军打现代化战争的能力不够、各级干部指挥现代化战争的能力不够的问题还依然存在，广大官兵科技素养还需进一步提高。这就要求军队政治工作必须深入实施新时代人才强军战略，贯彻新时代军事教育方针，紧盯科技之变、战争之变、对手之变，下大气力强化官兵的科技素养，特别是各级指挥员的科技认知力、创新力和运用力，加快构建制胜未来战争的新型军事人才体系，提高备战打仗人才供给能力和水平。

现代战争舆论战、心理战、法律战贯穿全程，军队政治工作必须保证占据政治、道义和法理制高点。随着对战争认识的不断深化和科技水平的不断进步，军事对抗已从物理域拓展到认知域，从有形战场拓展到无形战场。围绕国家战略目标和军事斗争任务，影响目标对象的政治态度、思维决策、情感意志等，成为军事博弈的重要手段。这就要求军队政治工作必须深化舆论战、心理战、法律战研练，积极配合政治、外交、军事斗争，最大限度巩固政治胜势、保持战略主动。

现代战争激烈残酷，军队政治工作必须激发官兵敢打敢拼、赴汤蹈火的战斗意志，培育一不怕苦、二不怕死的战斗精神。现代战争战场对抗烈度超常，精确制导武器和智能武器的大量使用，使战争的突发性、毁伤性、残酷性空前加大，再加上各种传媒对战场情况的渲染和放大效应，给官兵心理、精神等造成强烈冲击，参战官兵面临的压力更大、考验更为严峻。这就要求军队政治工作必须把握战斗精神培育的时代要求，紧贴现代战争特点和官兵思想实际，赋予战斗精神培育新内涵。加强马克思主义战争观和我军根本职能教育，引导官兵认清正义战争必胜的基本规律，认清武器因素的重要性在上升，但人的因素仍然起决定性作用，坚定敢打必胜决心信心；加强党史军史学习教育，繁荣发展强军文化，传承人民军队英勇善战光荣传统；把战斗精神培育融入实战化军事训练、重大任务完成、日常作风养成等，强化战胜一切困难、压倒一切敌人的血性胆气。

现代战争作战节奏空前加快，军队政治工作必须紧跟作战进程，做到快速反应、精准高效。现代战争多维战场空间融为一体，战略、战役、战术行动界限趋于模糊，战场态势瞬息万变，作战阶段转换显著加快，时间要素不断升值，战争进入发现即摧毁的"秒杀"时代，往往初战即是决战。这就要求军队政治工作必须增强前瞻性、预见性和快速反应能力，确保遇有情况能够及时高效处置应对。把可能出现的情况想细想全，把方案预案定细定实，常态化开展演习演练，熟悉掌握工作流程要领；注重紧随作战进程，做到作战进程到哪个阶段，政治工作就跟进到哪个阶段，始终与作战行动同频共振；注重改进工作作风，创新工作方法，简化工作流程，一切服务作战行动、一切保证作战胜利。

第二节　备战打仗中政治工作的主要内容

备战打仗中政治工作内容十分丰富，学习研究和准确把握这些内容，对于有针对性开展政治工作，提高服务保证备战打仗质效具有重要意义。

一、军事斗争政治工作准备

军事斗争政治工作准备是军事斗争准备的重要组成部分，是为赢得未来军事斗争胜利而在相对和平时期预先开展的政治工作研究、方案计划拟制、训练演练等工作。加强军事斗争政治工作准备，要教育引导官兵集中精力研究军事、研究战争、研究打仗，搞好作战对象研究，探索把握政治工作服务备战打仗的作用机理。结合形势任务变化和作战行动特点，拟制政治工作方案计划并及时进行调整充实完善。加强作战中政治工作演练，深化舆论战、心理战、法律战策略手段研究，锻炼和提高政治工作机关、政治干部组织指挥能力。

二、作战中政治工作

作战中政治工作是备战打仗中政治工作乃至整个政治工作中最生动、最精彩的部分，是平时政治工作效果的集中体现。组织开展作战中政治工作，应当紧贴作战需要和战场环境变化，做到快速反应、便捷高效、灵活实施。做好作战中政治工作，要加强党委（支部）对作战的统一领导，为赢得战争胜利提供根本保证。组织人力资源调配补充和随战考核，为参战部队提供坚强人力支撑，确保作战指挥和作战行动不间断。组织作战动员和战场宣传鼓动，对参战人员进行思想发动和精神激励。实施舆论战、心理战、法律战，瓦解敌方军心士气、巩固我方思想心理防线。开展战场执纪执法，巩固和纯洁部队。做好战时群众工作，动员和组织人民群众参战支前。

三、训练中政治工作

军事训练是部队经常性中心工作，是生成和提高部队战斗力的基本途径。做好训练中政治工作，对于保证军事训练正确方向、确保训练任务圆满完成具有重要作用。

做好训练中政治工作，要加强教育引导，使官兵深刻认识军事训练的地位作用、重大意义和实践要求，激励官兵从实战需要出发从难从严训练。注重发现、培养、树立刻苦训练、严格训练、科学训练、成绩显著的训练尖子和先进典型，让爱军习武、刻苦训练、岗位成才真正成为官兵的共同追求。坚持把战斗精神培育贯穿军事训练各方面全过程，营造练兵备战浓厚氛围，在潜移默化中培塑血性胆气。充分尊重广大官兵在军事训练中的主体地位和首创精神，深入开展群众性练兵比武活动，大力发扬军事民主，组织官兵互教、兵兵互教，开展思想、技术互助和各种训练竞赛活动，鼓励官兵争当训练尖子和业务能手。

四、非战争军事行动中政治工作

遂行非战争军事行动任务，是新时代军队履行使命任务的一个重要方面。非战争军事行动任务中政治工作，是完成非战争军事行动任务的根本保证。

做好非战争军事行动中政治工作，要跟进搞好教育引导和宣传鼓动，及时进行政治动员，抓好对地方群众的宣传教育和思想引领，营造团结一心、攻坚克难的浓厚氛围。发挥各级党组织和干部骨干作用，及时建立健全任务部队的党组织，配齐配强干部骨干，形成坚强的领导集体和战斗堡垒，加强对非战争军事行动的统一领导。加强军政军民团结，严明群众纪律，遵守党的民族宗教政策，尊重当地群众风俗习惯和宗教信仰，树立我军良好作风形象。健全完善相关法律法规，搞好军事行动法律保障，落实内部安全保卫、防间保密等各项制度规定，确保内部纯洁巩固。

第三节　政治工作服务保证战斗力建设的作用机理

习近平指出，要按照打赢信息化局部战争要求，探索政治工作服务保证战斗力建设的作用机理，把政治工作贯穿到战斗力建设各个环节，融入到军事斗争准备全过程。军队政治工作服务保证战斗力建设的作用机理，是指军队政治工作通过发挥服务保证作用，促进军队战斗力形成与发挥的运行机制和基本原理。研究军队政治工作服务保证战斗力建设的作用机理，应着重关注两个方面：一是如何通过强有力的政治工作，保障战斗力标准在军队建设各个领域、各项工作中得到有效贯彻落实，推动战斗力标准真正立起来落下去；二是如何通过强有力的政治工作，优化战斗力各构成要素特别是人的因素，实现人与武器的最佳结合，使我军战斗力得以生成提高和有效发挥。

一、通过立起战斗力标准服务保证战斗力建设

战斗力标准是军队建设唯一的根本的标准，把这一标准在全军牢固立起

来，在军队建设各个领域、各项工作得到贯彻落实，是军队政治工作服务保证战斗力建设的重中之重。这就要求政治工作始终聚焦中心、向战为战，努力形成有利于战斗力建设的舆论导向、工作导向、用人导向和政策导向。

开展全面系统和深入扎实的宣传教育，形成有利于战斗力建设的舆论导向。立起战斗力标准，必须通过强有力的思想贯注和宣传引导，在官兵头脑中深扎"战士就是战士、战斗队就是战斗队、战斗力就是战斗力"的思想根子，形成聚力备战打仗的思想共识和浓厚氛围。思想的锈蚀比枪炮的锈蚀更可怕。要深入纠治"和平积弊"，坚决反对"躺平""佛系"等消极懈怠思想，增强官兵的使命意识、忧患意识、危机意识。综合运用各种媒体手段，充分反映练兵备战的生动实践，展现我军坚定灵活开展军事斗争，有效捍卫国家主权、安全和发展利益的硬核形象。大力宣扬备战打仗先进典型，培树官兵身边的训练尖子、技术能手、业务标兵，使精武强能、创先争优蔚成风气。加强军事文化建设，打造强军文化，激励官兵思战谋战、抓战务战。

强化各级党组织聚焦主责主业的意识和能力，形成有利于战斗力建设的工作导向。军人打仗就像工人要做工、农民要种田一样，是天职所在。这就要求必须把战斗力建设作为想问题、作决策、抓建设的根本价值取向，紧紧围绕提高战斗力来筹划、指导和展开工作，全部精力向打仗聚焦、全部工作向打仗用劲，把能打仗、打胜仗作为最大政绩。把备战打仗指挥棒立起来，统筹谋划工作优先考虑战斗力建设急需、体现战斗力发展要求。健全按战斗力标准统筹资源的运行机制，把人力物力财力向备战打仗聚焦。强化党委（支部）领导备战打仗能力，提高议战议训质量，做到真想打仗的事情、真谋打仗的问题、真抓打仗的准备。

健全完善考核评价体系和选人用人机制，形成有利于战斗力建设的用人导向。用人导向是最根本的导向，关系战斗力标准落地落实。要按照军队好干部标准选拔使用干部，突出打仗能力这个重要指标，把想打仗、谋打仗、能打仗的干部选出来用起来。健全完善党委工作和领导干部考核评价体系，把战斗力标准细化为考核评价的具体标准，重点考核党组织开展议战议训、组织部队实战化训练、遂行军事斗争任务、解决备战打仗突出问题等方面的情况，考核领导干部的战略素养、联合素养、指挥素养、科技素养。结合战备拉动、重大演训活动和急难险重任务，跟踪考察和综合衡量各级党组织和领导干部的实际能力，考核真打实备的精神状态、工作作风和重要关头、重大任务表现。

构建向战为战、重心在战的政策制度体系，形成有利于战斗力建设的政策导向。制度更带有根本性、全局性、稳定性和长期性。要在制定军事政策制度中，充分考虑战斗力建设需求，使各项政策制度更好地服务于能打仗、打胜仗。把政策制度向作战部队倾斜、向基层官兵倾斜、向任务一线倾斜，推动战斗力各要素合理流动、迸发活力。构建和完善军队功勋荣誉表彰体系，突出战时功勋荣誉表彰，增强官兵投身备战打仗的使命感、光荣感、自豪感。加强战时执法司法制度体系建设，运用法治手段强化指挥权威、整肃战场法纪，发挥配合军事斗争全局、提升军事行动效果的特殊作用。把备战打仗实绩与个人成长进步紧密挂钩，在评先评优、入党、送学提干、晋职晋衔等方面予以优先考虑。

二、通过优化战斗力构成要素服务保证战斗力建设

在构成军队战斗力诸要素中，人的因素始终是第一位的、起决定性作用的。人的因素主要体现为政治素质、道德品质、战斗精神、作战能力等。政治工作服务保证战斗力建设，就是要通过思想工作和组织工作来优化战斗力的基本构成要素特别是人的因素，使部队战斗力得到有效提升。

坚定信仰信念，为能打仗、打胜仗明确政治方向。崇高的理想，坚定的信念，是中国共产党人的政治灵魂，是人民军队的精神支柱。知道为何而战的军队是不可战胜的。要坚持政治引领、思想领先，坚持不懈地用新时代党的创新理论铸魂育人，深化忠诚培塑，引导官兵牢记为人民扛枪、为人民打仗的神圣职责，坚定不移听党话、跟党走，始终做到对党忠诚可靠，坚决完成党和人民赋予的各项任务。

培育道德情操，为能打仗、打胜仗奠定道德基础。铸将育才，德育为先。要持之以恒加强道德教育，弘扬中华传统美德，践行社会主义核心价值观，持续培育当代革命军人核心价值观，引导官兵明大德、守公德、严私德，正确处理是与非、得与失、荣与辱、苦与乐、生与死等关系，坚定革命意志，升华思想境界，纯洁道德情操，增强献身强军事业、投身备战打仗的自觉性和坚定性。

激发战斗精神，为能打仗、打胜仗注入强劲动力。军人生来为战胜，一不怕苦、二不怕死的战斗精神，敢于斗争、敢于胜利的血性胆魄，是构成军队战斗力的重要内容，也是战斗力的集中体现。历史表明，胜利的信念是在斗争中

取得的，强军事业是在斗争中前进的。要教育引导官兵继承和发扬我军大无畏的英雄气概和英勇顽强的战斗作风，发扬革命英雄主义精神，始终保持旺盛的革命热情和高昂的战斗意志，面对敌人敢于亮剑，面对困难无所畏惧。同时也应看到，军法从严、守纪如铁的观念，是战斗精神培育不可忽视的重要内容。要注重运用法治手段强化官兵服从命令、听从指挥的高度自觉性，时刻准备为祖国和人民去战斗和牺牲。

增强打赢本领，为能打仗、打胜仗提供能力支撑。打仗能力是军队的核心能力，也是完成其他任务的基础和支撑。军队要打赢，既要政治过硬，也要本领高强。这就要求全军官兵聚焦备战打仗，积极投身实战化军事训练，坚持仗怎么打兵就怎么练，打仗需要什么就苦练什么，什么问题突出就解决什么问题，全面提高训练水平和打赢能力，确保在党和人民需要的时候，拉得出、上得去、打得赢。

军队政治工作影响人的因素，既体现在个体上，也体现在群体上。必须通过政治工作把官兵个体紧密团结凝聚起来，成为思想统一、步调一致的战斗集体，从而达到倍增战斗力的效果。政治工作对人的因素的作用，主要是对己方人员的教育引导，同时也包括对敌方人员的分化瓦解，以及对相关方人员的争取和团结。要通过政治工作，最大限度削弱敌方作战能力，最大限度占据道义制高点、赢得外部支持，创造于我有利的作战条件和环境。

思考题：

1. 如何理解现代战争对军队政治工作提出的新要求？

2. 如何把握军事斗争准备政治工作的重点内容？

3. 新时代如何激发官兵军事训练的内在动力？

第九章　军队政治工作的组织领导制度

军队政治工作的组织领导制度，是中国共产党为领导和掌握军队，在军队中建立的一整套政治工作组织领导体系及运行规范，是军队政治工作组织实施的制度依托，对于发挥军队政治工作生命线作用，确保党对军队绝对领导，有效履行新时代人民军队使命任务，具有十分重要的作用。

第一节　中央军委实行主席负责制

军委主席负责制，是党章和宪法规定的重大制度，是坚持党对军队绝对领导的根本制度和根本实现形式，解决的是军队最高领导权和指挥权问题，在党领导军队的一整套制度体系中处于最高层次，居于统领地位。全面深入贯彻军委主席负责制，关乎我军建设根本方向，关乎新时代强国强军事业发展，关乎党和国家长治久安，关乎中国特色社会主义前途命运。

一、军委主席负责制的基本内涵

军委主席负责制的基本内涵，是依规治党、依法治国、依法治军实践经验的结晶。根据《中国共产党章程》《中华人民共和国宪法》等法律法规以及党中央和中央军委有关文件规定，军委主席负责制的内涵主要包括3个方面：中央军委主席负责中央军委全面工作，领导指挥全国武装力量，决定国防和军队建设一切重大问题。

中央军委主席负责中央军委全面工作。这是中央军委日常工作的基本规范和制度规定，也是确保军委主席负责制有效运转、有效落实的具体制度保证。中央军事委员会由主席，副主席若干人，委员若干人组成。军委主席全面领导中央军委工作，军委副主席和委员在军委主席领导下工作，共同对军委主席负责。

中央军委主席领导指挥全国武装力量。中央军委主席作为全国武装力量的统帅，对中国人民解放军现役部队和预备役部队、中国人民武装警察部队、民兵等所有人民武装力量，拥有最高领导权和指挥权，未经党中央、中央军委和军委主席授权，任何组织和个人不得插手军队，更不得擅自调动和指挥军队。

中央军委主席决定国防和军队建设一切重大问题。军委主席负责制，就是军委主席对我军重大问题最后拍板、一锤定音。中央军委工作中的重大事项，由军委主席定夺和批准；国防和军队建设中带有根本性、方向性、全局性重大问题，军委主席拥有最高决策权和最终决定权。

二、军委主席负责制的本质特征

军委主席负责制的本质特征，必须放到中国特色社会主义政治制度体系中考量，放到军队最高领导权和指挥权运行的特殊要求中把握。

军委主席负责制是依法负责，集中体现了党、国家和人民的意志。军委主席负责制作为中国特色社会主义政治制度和军事制度的重要组成部分，是党章和宪法规定的。军委主席的权力是法定权力，军委主席行使这些权力是依法履职、依法负责。服从军委主席领导、听从军委主席指挥，就是尊崇党章、尊崇宪法。军委主席负责制是党和国家重要的制度设计。我们党的宗旨是全心全意为人民服务，党除了工人阶级和最广大人民群众的利益没有自己特殊的利益。我们国家是人民当家作主的社会主义国家，坚持人民主体地位，实行人民民主专政。党执掌国家政权、牢牢掌握军队，是为了更好地维护国家和人民的利益。党的军队、人民的军队、社会主义国家的军队是高度一致的。因此，军委主席负责制集中体现了党、国家和人民意志的内在统一。

军委主席负责制是首长负责，由军委主席执掌最高决策权和最终决定权。军委主席负责制，是民主集中制在党和国家最高军事领导制度上的具体运用。军委主席作为党和国家最高军事领导机关的首长，对中央军委职权范围内的事项有完全决定权，这既是制度安排，也是规律使然。马克思主义认为，任何一个群体、机构或组织都是按照一定的层级和结构组织起来的，都需要把管理的权威和权力集中于最高领导者。列宁指出："借口集体管理而无人负责，是最危险的祸害，这种祸害威胁着一切没有很多集体管理工作经验的人，而在军事上往往导致无法避免的灾难、混乱、惊慌失措、权力分散和失败。"[1] 军委主席对国防和军队建设一切重大问题最后拍板、一锤定音，符合马克思主义基本原

---

[1] 《列宁全集》第三十七卷，人民出版社 2017 年版，第 42 页。

理，是推进军事治理体系和治理能力现代化的本质要求。

军委主席负责制是全面负责，涵盖中央军委职权范围内的各领域各方面。军委主席负责中央军委全面工作，在范围上，涵盖国防和军队建设各个领域，贯穿于军委把方向、管全局、定大计，实施议事决策、领导指挥和战略管理等全过程；在内容上，对中央军委工作职权范围内的事项全面领导、全权负责。军委主席负责中央军委全面工作，有利于坚持党对人民军队绝对领导，有利于永葆我军的性质、宗旨、本色，有利于强化中央军委集中统一领导，确保有效履行新时代人民军队使命任务。

三、坚决贯彻军委主席负责制是军队政治工作的根本任务和重大责任

军队政治工作必须把坚决维护习近平同志党中央的核心、全党的核心地位，坚决维护党中央权威和集中统一领导，坚决贯彻军委主席负责制作为根本任务和重大责任，确保全军对党忠诚可靠，坚决听习主席指挥、对习主席负责、让习主席放心。

深化学习教育。认识越彻底，行动越坚决。推动全面深入贯彻军委主席负责制落到实处，抓好学习教育是前提。着力提高认识站位，把军委主席负责制学习教育摆上位、抓到位，引导官兵理解掌握军委主席负责制的重大意义、重要内涵和实践要求，不断强化贯彻军委主席负责制的政治自觉，引导各级以更高标准、更严要求贯彻军委主席负责制。

加强法治约束。着力培塑法治信仰和法治思维，推动法治精神、法治理念深入人心。完善贯彻军委主席负责制的制度机制，提高请示报告、督促检查、信息服务"三项机制"执行质量，确保习主席牢牢掌握部队，高效指挥部队。坚决维护习主席签署法令的权威性严肃性，强化法规制度执行监督工作，及时发现和纠正违反贯彻军委主席负责制要求的人和事，保证军委主席负责制常态刚性有效落实。

强化责任担当。全面深入贯彻军委主席负责制，是全军的共同责任，必须知责明责、负责尽责，各自做好自己的分内之事。强化贯彻军委主席负责制各级有责、人人有责、高级干部首当其责的观念，强化全军向习主席负责的观念，强化关键看行动的观念。贯彻军委主席负责制，要害在担当，关键靠实干。正确处理集中统一领导和按级分工负责的关系，对已明确的职责、

本级担负的任务，要不等不靠抓好落实，把该担的责任担起来、把该干的事情干到位。

第二节　实行党委制、政治委员制、政治机关制

党委制、政治委员制、政治机关制是党对军队绝对领导制度体系的重要组成部分，是军队政治工作十分重要的组织领导制度，为军队政治工作有序运行、发挥作用、实现目的提供了坚强的组织保证。

一、党委制

党的委员会制度，简称党委制，是指党在我军建制体系中设立相应的党的委员会的制度。

（一）党的委员会的设置

党的委员会设置坚持与军队领导指挥体制、规模结构和力量编成相契合，坚持与单位职能、作战任务相适应，坚持根据工作需要和党员数量确定设置形式。党在军队中设置的委员会包括：党的战区委员会、团以上部队和相当于团以上部队的单位（不含战区）委员会、机关部门委员会、直属委员会、基层委员会（总支部委员会）。

党的战区委员会。党在战区设立的战区委员会，是党中央、中央军委派出的代表机关。党的战区委员会在党中央、中央军委领导下，对辖区部队日常战备和军事行动实行统一领导，对战区联合作战指挥中心指挥行动实行统一领导，对战区机关和直属单位实行统一领导。战时，根据党中央、中央军委授权，党的战区委员会对作战编成内单位的组织、人员和工作实行统一领导。

党的各级委员会。党在团以上部队和相当于团以上部队的单位（不含战区）设立的党的各级委员会，是军队中党的各级领导机关。军队党的各级委员会向同级党代表大会负责并报告工作，在代表大会闭会期间，领导本单位的工作。党的各级委员会对本单位的组织、人员和工作实行统一领导。

党的机关部门委员会。党在军委机关各部门、战区级单位机关各部门、军级部队（训练机构）机关各部门，设立党的机关部门委员会。党的机关部门委员会在党中央、中央军委或同级单位党委的领导下，主要讨论和决定本部门工

作中的重大问题和自身建设问题，组织开展党的工作，对直属或所属单位实行统一领导。

党的直属委员会。党在战区设立的战区直属委员会、在团以上部队和相当于团以上部队的单位设立的党的直属委员会、在机关部门设立的机关部门直属委员会，在党的战区委员会或同级单位党的委员会或同级党的机关部门委员会领导下，对直属单位或机关部门直属单位实行统一领导。

党的基层委员会。党在营和相当于营的单位设立的党的基层委员会，是该单位统一领导和团结的战斗堡垒，对本单位的组织、人员和工作实行统一领导。

（二）党的各级委员会的地位作用

党的各级委员会在确保党对军队实施绝对领导中发挥关键作用。党对军队绝对领导是通过党在军队中的各级组织实现的，主要是通过党委来直接保证和具体实施。各级党委是军队党的系统中承上启下的领导机关，是党中央、中央军委与部队基层党组织及广大官兵保持密切联系的中间环节。党的路线方针政策和中央军委的决策、命令、指示，由各级党委及时组织传达到部队，保证其贯彻落实到末端。同时，部队建设中的新情况、新问题和广大官兵的意愿，通过本级党委反馈到上级党委，直至党中央和中央军委，服务上级决策。各级党委通过对部队实施统一领导，保证部队建设的方向始终符合党的方向；通过用党的科学理论武装官兵，保证部队向党看齐、向心凝聚；通过建强各级党组织，加强党员、干部教育管理，保证部队高度集中统一。

党的各级委员会对本单位的组织、人员和工作实行统一领导。通过加强思想政治建设，确保部队建设的正确方向、高度稳定和集中统一，发挥政治保证作用；通过对重大问题集体讨论和决定，确定工作目标，规定方针原则，责成军政主官分工负责、组织实施，发挥决策调控作用；通过充分发挥党委的统一领导作用、基层党组织的战斗堡垒作用、党员的先锋模范作用，把我军凝结成一个牢不可破的信仰共同体和无坚不摧的战斗集体，发挥团结凝聚作用；通过全面加强党的领导和党的建设，确保各级党组织和党员领导干部的先进性和纯洁性，发挥管党治党作用。

二、政治委员制

政治委员制，是指在我军团以上部队和单位设立政治委员、营设立政治教导员、连设立政治指导员的制度。政治教导员、政治指导员是政治委员在营、连层面的延伸。

在团以上部队和单位设立政治委员，营设立政治教导员，连设立政治指导员，作为该单位的政治主官，政治委员、政治教导员、政治指导员是本单位党组织日常工作的主持者，在本单位党组织的领导下开展工作。其他相当等级单位和特殊情形下政治主官的设立，由中央军委或者中央军委授权的单位决定。政治委员、政治教导员、政治指导员和本单位军事主官同为单位首长、同为指挥员，在本单位党组织的领导下，对本单位各项工作共同负责。

政治委员在履行职责中应当善于把握规律、抓住重点、统筹谋划，注重提高战略思维能力、综合决策能力、驾驭全局能力；政治教导员、政治指导员在履行职责中应当深入一线、深入官兵，以身作则、身先士卒，提高具体抓落实、自主解难题的能力。机关部门和教学、科研、保障等单位设立的政治协理员，在所在单位党组织的领导下，负责本单位政治工作。

三、政治机关制

政治机关制，是指我军在团以上部队和单位设立政治机关的制度。

（一）政治机关的设置

我军在团以上部队和单位设立政治机关，政治机关包括政治工作部门、纪委监委工作机构、党委政法委员会。政治工作部门，是各级政治工作部、政治工作局、政治工作处、政治工作科的统称；纪委监委工作机构，是各级纪律检查委员会监察委员会所属机关办事部门的统称；党委政法委员会，是各级党委领导和管理政法工作的职能部门。政治机关上下级之间是指导与被指导关系，下级政治机关服从上级政治机关的指导；同级部队党委与政治机关之间是领导与被领导关系，其中纪委监委工作机构同时受同级部队党委、纪委监委的领导；政治工作在同级部队党委和政治委员的领导下，由政治机关组织开展。其他相当等级单位和特殊情形下政治机关的设立，由中央军委或者中央军委授权的单位决定。

（二）政治机关的工作要求

政治机关是党在军队中的工作机关。贯彻"军委管总、战区主战、军种主建"总原则，区分中央军委、战区级单位、军级以下单位三个层级，按照政治工作部门、纪委监委工作机构、党委政法委员会三条链路，构建起上下衔接、顺畅高效的履职尽责格局。

中央军委政治工作部、中央军委纪律检查委员会监察委员会（机关部门）、中央军委政法委员会是中央军委的政治机关，对政治工作实施战略谋划和宏观管理，履行参谋、执行、服务职能。

战区级单位、军级以下单位政治工作部门在上级政治工作部门的指导和同级部队党的委员会的领导下开展工作。政治工作部门应把握自身职能特点，突出工作重点，进行科学统筹。战区政治工作部重在落实主战要求、坚持以战领建，军兵种政治工作部重在落实主建要求、坚持抓建为战，武警部队政治工作部重在围绕执勤处突中心任务，聚焦主责主业做好政治工作。相关政治工作部门还应结合部队体制编制、使命任务、驻地环境、人员构成等特点，按照有关法规要求有针对性地做好政治工作。

战区级单位、军级以下单位纪委监委工作机构在上级纪委监委工作机构的指导下，在同级部队党的委员会、纪委监委的领导下开展工作。战区纪委监委工作机构在履行工作职责中重在落实主战要求、坚持以战领建，军兵种纪委监委工作机构在履行工作职责中重在落实主建要求、坚持抓建为战，武警部队纪委监委工作机构在履行工作职责中重在围绕执勤处突中心任务，做好政治工作。

战区级单位、军级以下单位党委政法委员会在上级党委政法委员会的指导、同级部队党的委员会的领导下开展工作。战区党委政法委员会重在落实主战要求、坚持以战领建，军兵种党委政法委员会重在落实主建要求、坚持抓建为战，武警部队党委政法委员会重在围绕执勤处突中心任务，做好政法工作。

第三节　实行党委（支部）统一的集体领导下的首长分工负责制

党委（支部）统一的集体领导下的首长分工负责制，是确保党对军队绝对领导的重要制度，是具有我军特色的科学领导制度。这一制度主要包括党委（支部）统一领导、集体领导和首长分工负责三个组成部分，分别明确了党委（支部）在部队中的领导地位、领导原则和决策的执行方式。

一、实行统一领导

实行统一领导的基本要求是，一切工作应当置于党委（支部）统一领导之下，一切重要问题应当由党委（支部）研究决定；紧急情况下可以由首长临机处置，但事后必须及时向党委（支部）报告，并接受检查。实行统一领导的实质，是确立党委（支部）在部队中的领导地位。党的组织、行政组织、共青团组织和军人委员会等各种组织，所有的军官、军士、义务兵、文职人员等各类人员，军事、政治、后勤、装备等各项工作，都必须置于党委（支部）的统一领导之下，不得脱离党委领导各自为政、各行其是，不能与党委（支部）并立，更不能凌驾于党委（支部）之上。党委（支部）实施统一领导，关键是坚持议大事、抓大事，管全局、把方向。只有实行党委（支部）统一领导，才能统一认识、统一意志、统一指挥、统一行动，把广大官兵紧紧团结在党的旗帜下，坚决贯彻执行党的路线方针政策和上级党委的决策指示，完成党所赋予的各项任务。

二、坚持集体领导

坚持集体领导的基本要求是，凡属由党委（支部）讨论决定的事项，应当按照集体领导、民主集中、个别酝酿、会议决定的原则，由党委（支部）集体讨论，作出决定。集体讨论决定问题，应当执行少数服从多数的原则；决定重要问题，应当进行表决。任何个人或者少数人都无权擅自决定重大问题或者改变党委（支部）的决定。委员对党委（支部）决定的问题如有不同意见，在坚决执行的前提下，可以声明保留，并且可以把自己的意见向党的上级组织直至中央提出。坚持集体领导，是贯彻民主集中制的本质要求，是党委（支部）实施坚强领导的重要制度保证。集体领导的实质是集中集体智慧，保证正确决策。必须坚持由党委（支部）集体讨论决定重大问题，在充分发扬民主的基础上，实施正确的集中。党委（支部）在讨论决定重大问题时，书记、副书记与委员具有平等的发言权和表决权，按照多数人的意见形成决议。党委（支部）决定重大事项时应当深入调查研究，进行科学论证，广泛听取意见，以相关政策和法规制度为依据，按照法定程序进行议事、决策、实施和监督。书记、副书记应当有坚强的党性和良好的民主作风，善于集中大家的智慧，发挥委员的作用。委员应当积极参与和维护党委（支部）集体领导。

三、首长分工负责

首长分工负责的基本要求是，党委（支部）作出决定后，由军政主官按照职责分工负责贯彻执行，属于军事工作方面的，由军事主官负责组织实施；属于政治工作方面的，由政治主官负责组织实施。军政主官应当服从党委（支部）的领导，执行党委（支部）的决议，密切合作，互相支持。党委（支部）应当支持行政首长独立负责地开展工作，不得包揽行政事务。首长分工负责与集体领导是内在统一、互相联系和不可分割的整体。军政主官同为单位首长，同为指挥员，在本单位党组织的领导下，对本单位各项工作共同负责，既要各司其职，又要紧密配合，做到分工不争权、分工不分家。军政主官必须互相支持配合，在重大问题上双方不能取得一致意见时，应当提交党组织讨论决定，或者请示上级解决。主官和副职之间是领导与被领导的关系，军政副职协助军政主官工作，向军政主官负责。主官对副职要尊重和信任，支持副职大胆开展工作，充分发挥其作用。

第四节　实行支部建在连上

支部建在连上，是党领导军队的重要原则和制度，是军队政治工作组织领导制度体系的重要组成部分，为党的领导直达基层、直达官兵提供重要制度保证。

一、支部建在连上的重大意义

连队是军队的基础、战斗力的刀尖，在连队建立党的支部，把党的领导延伸到基层末端，对于确保全军部队在党的旗帜下行动和战斗具有十分重要的意义。

支部建在连上是我党我军优良传统和特有优势。在连队建立党支部，是我们党建军治军的伟大创举。早在南昌起义时，我们党就在军队中建立了党的组织，但由于当时党的组织主要建在团级以上单位，无法切实掌握基层部队，"故经不起严重的考验"①。1927 年 9 月，毛泽东领导秋收起义部队进行三湾改

---

① 《毛泽东选集》第一卷，人民出版社 1991 年版，第 66 页。

编时，创造性地把党支部建在连上，从组织上解决了党直接掌握士兵群众的重大问题。1929 年 12 月，古田会议决议重申了"支部建在连上"制度，指出"每连建设一个支部，每班建设一个小组，这是红军中党的组织的重要原则之一"①。这也标志着"支部建在连上"形成定制，成为建党建军的重要原则和制度。1932 年 9 月，总政治部在关于红军中党的工作的训令中，首次明确"支部是党在红军的'堡垒'"②。1947 年 7 月，我军第一部党委条例明确规定，"军队中党的组织基础，是党的支部"，"支部委员会为全连之最高领导机关"③。这是在军队党内法规中第一次明确支部委员会的领导地位。1954 年 4 月，新中国成立后颁布的第一部政治工作条例明确规定："中国共产党在中国人民解放军中建立的支部，是党在军队中的基础组织，是党的领导机关和群众联系的桥梁，是连队领导和团结的核心。"④ 这是在中共中央文件中首次明确连队党支部的地位作用。自建军以来，尽管我军的体制编制、使命任务以及社会环境和官兵成分不断发生新的变化，但"支部建在连上"的原则和制度始终没有改变，一直延续至今。

支部建在连上是党指挥枪原则落地生根的坚实基础。支部建在连上，实现了党的基层组织与部队基层单位的有机契合，使基层有了统一领导和团结的战斗堡垒，使党的领导能够延伸到最基层、最末端，为确保党指挥枪原则落到基层、达于士兵提供了有力组织支撑。支部建在连上，能够把党的科学理论贯注基层，坚定官兵听党指挥的信仰信念；能够对基层建设和遂行任务起政治引领、统一领导、监督执行等重要作用，确保党的路线方针政策贯彻到每个组织成员、每个战斗节点；能够把广大官兵紧紧团结在党的周围，始终在党的旗帜下行动和战斗；能够确保全面从严治党、全面从严治军在基层贯彻落实，从而凝聚铁的意志、锤炼铁的作风、锻造铁的队伍。

支部建在连上是基层形成凝聚力战斗力的关键所在。基层是部队全部工作和战斗力的基础，要形成强大凝聚力战斗力，离不开党支部的关键作用。"支部建在连上"的一个重要功能，就是把广大官兵紧密团结凝聚在一起，实现统一意志、统一行动。毛泽东在总结井冈山斗争经验时深刻指出："红军所以艰

---

① 《中国人民解放军政治工作历史资料选编》第一册，解放军出版社 2002 年版，第 344 页。
② 《中国人民解放军政治工作历史资料选编》第二册，解放军出版社 2002 年版，第 214 页。
③ 《中国人民解放军政治工作历史资料选编》第九册，解放军出版社 2007 年版，第 19—20 页。
④ 《中国人民解放军政治工作历史资料选编》第十二册，解放军出版社 2010 年版，第 748 页。

难奋战而不溃散，'支部建在连上'是一个重要原因。"① 党支部把党员组织起来，形成一个有机整体，汇聚起团结带领广大官兵贯彻党的意志主张、完成党的任务的强大力量。有了党支部，广大官兵就有了"主心骨"，就会成为拖不垮、打不烂的战斗集体。

二、党支部的设置

党在连和相当于连的单位设立党支部。成立党支部必须经党的基层委员会或者团级以上党的委员会批准，由党的基层委员会批准的应当报上一级党的委员会备案。

党支部主要有以下几种类型。一是连队党支部，是指连和相当于连的单位、营级舰艇、飞行大队、院校中的学员队设立的党支部，是该单位统一领导和团结的战斗堡垒。二是科室党支部，是指在教学科研类单位和军事代表机构中的教研室、研究室、技术室、医疗科（室）和军事代表室（处）的党支部，是该单位政治领导和团结的战斗堡垒。三是机关党支部，是指各级机关部门、机关部门内设机构的党支部，主要负责本机关部门、机关部门内设机构党的工作，协助行政负责人完成任务、改进工作，对包括行政负责人在内的每个党员进行教育、管理、监督，不领导本机关部门、机关部门内设机构的业务工作。四是预备役连队党支部，是指预备役部队中的连和相当于连的单位党支部，是该单位统一领导和团结的战斗堡垒。五是离退休干部党支部，是指军队管理的离休退休干部党支部，是所属离退休干部党员政治领导和团结的战斗堡垒。此外，在独立执行任务的临时单位，根据需要设立党的临时支部，其组成、职权、隶属关系和产生办法，由批准其成立的党的委员会决定。党支部日常工作的领导机构是党支部委员会，支部委员会必须贯彻执行支部党员大会的决议，向支部党员大会报告工作，并接受其监督。

加强党支部建设，必须贯彻新时代党的建设总要求，不断提高其领导力组织力执行力，推动部队建设全面进步、全面过硬。锻造坚强有力的党支部，必须着眼突出政治功能，坚持把政治建设摆在首位，坚持从思想上政治上建设和掌握部队，把政治建军要求落实到基层建设各方面和全过程，确保党对军队的绝对领导直达基层、直达官兵；必须始终盯着能力建设这个重中之重，全面提

---

① 《毛泽东选集》第一卷，人民出版社 1991 年版，第 65—66 页。

升党支部带领官兵遂行作战任务的能力、领导单位全面建设的能力和解决自身问题的能力；必须配强党支部书记，不断提升其政治素质、思想品德、能力水平，充分发挥凝聚、引领基层党员、群众的重要作用；必须突出政治标准，多措并举，着力建设政治合格、执行纪律合格、品德合格、发挥作用合格的党员队伍。

第五节　完善党对军队政治工作的领导体制

军队政治工作作为党领导和掌握军队的工作，既要保证党的领导在部队全面落实，也要将自身完全置于党的领导之下。深刻理解把握党中央和中央军委对新时代军队政治工作领导体制的规范和要求，是做好军队政治工作的重要前提。

一、党对军队政治工作领导的主体及权限

《中国共产党章程》规定，"中央军事委员会负责军队中党的工作和政治工作"。根据这一规定，我们党对军队政治工作领导的主体及权限进行了明确，中央军委负责军队政治工作，对政治工作实施全面领导，及时向党中央请示报告工作；军队党的各级委员会领导本单位的政治工作，贯彻落实党中央、中央军委以及上级党委关于政治工作的决策部署和指示要求，决定本单位政治工作的重要事项。这就要求各级党委和领导干部必须强化党对军队政治工作领导的意识，切实认清军队政治工作是在党中央、中央军委和各级党组织领导下开展的，坚决贯彻落实党中央、中央军委关于政治工作的决策部署，牢牢把握军队政治工作的时代主题，确保我军政治工作的正确方向。各级政治机关和政治干部要旗帜鲜明讲政治，强化政治意识、阵地意识、大局意识，自觉坚持党的领导，全面担负起党委赋予的各项职责。

二、党对军队政治工作领导主体的履职要求

我军领导管理体制的改革重塑，不仅优化了军委机关职能配置，而且以强化各级党委的领导为枢纽，畅通了指挥、建设、管理、监督各条链路。为适应体制重塑、编制调整、职能转变的新要求，我们党对加强军队政治工作领导进行系统规范，明晰了中央军委和各级党委领导政治工作的权责。

中央军委对政治工作的领导和党的各级委员会对政治工作的领导，必须深入学习贯彻习近平新时代中国特色社会主义思想，学习贯彻习近平强军思想，确保政治工作坚定正确的政治方向。同时，区分层次、各有侧重。中央军委对政治工作的领导，主要是决策事关政治工作全局和长远发展的重大问题，决定政治工作领域全军性重大活动和重要工作方案计划；制定政治工作规划计划、重要政策法规；决定政治机关和政治干部队伍建设重大事项；督导督查执行党中央、中央军委关于政治工作重大决策部署、规划计划情况等。党的各级委员会对政治工作的领导，主要是制定加强和改进政治工作的措施；研究部署本单位政治工作重大任务和活动；统筹推进所属各级的政治工作，协调解决突出矛盾问题；指导抓好政治机关和政治干部队伍建设；检查督导执行上级和本级党的委员会关于政治工作的决策部署、规划计划情况等。

把党对军队政治工作领导落到实处，必须压实军队各级党委领导政治工作的责任，使党对军队政治工作的领导上下贯通、直达末端。各级党委要强化对政治工作的组织领导，全面规范和加强政治工作，更新思想观念、完善制度机制、改进方式方法，不断提高政治工作质效。加强对政治工作的指导督导，及时分析形势、研究解决问题、加强监督检查，防止和克服主观随意性，坚决纠治不切实际、不求实效的形式主义、官僚主义，着力推动政治工作制度化规范化运行。

思考题：

1. 如何理解把握军委主席负责制的本质特征？
2. 如何贯彻执行党委（支部）统一的集体领导下的首长分工负责制？

第十章　军队政治工作的方法

军队政治工作的方法，是在军队政治工作实践中为达到一定目的所采用的与之相应的方式、措施和途径，是马克思主义世界观和方法论在军队政治工作领域的具体运用，是直接影响军队政治工作效果的重要因素。学习和掌握军队政治工作的方法，是做好新时代军队政治工作的必要条件，应认真学习和深刻领会习近平新时代中国特色社会主义思想的世界观和方法论，认真学习和深刻领会习近平强军思想的军事观和方法论，坚持好运用好贯穿其中的立场观点方法。

第一节　军队政治工作的主要方法

毛泽东指出："我们不但要提出任务，而且要解决完成任务的方法问题。我们的任务是过河，但是没有桥或没有船就不能过。不解决桥或船的问题，过河就是一句空话。不解决方法问题，任务也只是瞎说一顿。"[①] 在长期探索和实践中，我军政治工作形成了一整套行之有效的方法，这些方法既是思想方法，也是工作方法，在各个历史时期都发挥了重要作用，并随着时代发展而不断丰富完善。

一、先进性要求与广泛性要求相结合

先进性是我军政治工作性质的集中体现。我们党是先进的马克思主义政党，军队政治工作作为党的工作，必然具有先进性，必然要用党的科学理论武装官兵，用党的路线方针政策等进步的政治精神贯注军队，用共产党员、党员领导干部及各种先进典型来示范引领。军队政治工作坚持了先进性，就能够使军队始终保持积极向上、昂扬奋进的精神状态，始终走在全社会前列，成为体现党和国家政治优势的重要力量。我军从创立之日起，就非常注重用党的科学理论武装官兵头脑，涌现和宣传了一大批先进典型和时代楷模，产生了强大的感召力和影响力。新时代坚持军队政治工作先进性，就要紧跟马克思主义中国

---

① 《毛泽东选集》第一卷，人民出版社 1991 年版，第 139 页。

化时代化发展进程，不断把学习贯彻习近平新时代中国特色社会主义思想引向深入，坚持不懈用习近平强军思想武装官兵，培养听党指挥的接班人，砥砺能打胜仗的战斗队，塑造作风优良的子弟兵；就要高度重视发现、培养、宣传充分体现时代精神的各方面先进典型，影响和带动广大官兵为强国强军而奋斗。军队政治工作如果离开了先进性，就会失去正确方向，就无法有效引领广大官兵听党话、跟党走。

广泛性是军队政治工作的现实基础和条件。军队政治工作的对象是官兵，而多数官兵的思想基础、认识水平、接受能力虽有一定差异，但总体比较接近，表现出一种广泛性。军队政治工作必须着眼这种广泛性，根据广大官兵的实际确定工作目标，提出多数官兵应该达到和可以达到的标准和要求。做不到这一点，政治工作就会脱离官兵、脱离实际，就会失去现实基础和赖以发挥作用的条件。从这个意义上讲，广泛性就是群众性，军队政治工作如果离开了广泛性，就会失去开展政治工作的群众基础。

把先进性要求与广泛性要求结合起来。贯彻先进性要求是政治工作所追求的价值取向，而要使先进性要求真正为广大官兵所接受，就要根据不同时期、驻不同地区、担负不同任务部队官兵的思想实际，联系官兵个体的思想现状，确定政治工作的内容和形式。应当承认差异，区别对待，对各级各类人员采取不同的方法步骤，实行分类指导，分步推进。对党员尤其是党员领导干部必须鲜明坚持先进性的要求，而对士兵尤其是非党群众则以广泛性要求为起点，把先进性要求融入其中，加以教育、引导和鼓励。应当在倡导和推进先进性要求的过程中，尊重官兵正当的个人爱好与情趣，对相对落后的官兵进行实事求是的具体分析，找到问题的症结和解决办法，耐心帮助他们树立赶超先进的决心和信心。

二、解决思想问题与解决实际问题相结合

着力解决思想问题。思想问题是指官兵在工作、学习、生活中受客观事物和外部世界影响，在思想上所产生的疑虑困惑，是其认知水平、思想觉悟和思维方式的综合反映。思想问题源于人的世界观、人生观、价值观，是经常、大量产生的，具有普遍性和反复性，而且由于官兵的经历阅历、认知水平、受教育程度、思想觉悟和思维方式方法的差异，往往又是多种多样的。尤其是在剧烈变革的时代，在社会生活日新月异的阶段，外部因素对官兵思想的冲击影响

更加深刻，所带来的思想问题也更加纷繁复杂。新时代官兵的思想问题呈现出一系列新特点，着力解决官兵的各种思想问题，是新时代军队政治工作的重要任务。

注重解决实际问题。实际问题是指官兵在工作、学习、生活中遇到的各种现实矛盾和实际困难。它们大多与物质条件、物质利益相关联，解决得好会对官兵产生积极影响，解决得不好则会带来负面作用。军队政治工作要重视和关注官兵面临的实际问题，积极协调各方力量帮助解决，想方设法为官兵排忧解难，使他们能够轻装前进，全身心投入部队建设。新时代，随着官兵美好生活需要的不断增长，对实际问题的关注度有所加大，而实际问题的内容、形式和解决难度也有明显变化，军队政治工作要把解决官兵实际问题摆到重要位置，想方设法解决官兵急难愁盼问题，让官兵有实实在在的获得感、幸福感。

把解决思想问题与解决实际问题结合起来。官兵的思想问题和实际问题有一定的相对独立性，但又是相互联系、相互渗透、相互影响的。一方面，不少思想问题源于实际问题，通过解决实际问题，能够化解思想困惑、理顺情感情绪；另一方面，思想又处于主导人的行为的最高层次，通过解决思想问题，能够改变人们对实际问题的认识和看法，进而影响和改变其行为。军队政治工作要增强有效性、亲和力和感召力，就必须把教育人、引导人与关心人、帮助人结合起来。在解决思想问题时，要善于分析其背后的利益动因，真正找到官兵客观上面临的实际困难，满腔热情地关心他们的疾苦，千方百计帮助其排忧解难，不能把因实际问题引起的思想矛盾不加分析地都看成是思想觉悟问题。在解决实际问题时，要注意抓好教育引导，帮助官兵以积极态度正确认识和对待遇到的矛盾和困难。对一时解决不了的实际问题，要耐心讲清道理，做好解释工作，使官兵切实感受到组织的关怀和温暖，理解组织的难处，把解决实际问题的过程变成提高思想觉悟、调动积极性的过程。

在解决思想问题、实际问题的过程中，应关注心理因素的作用和影响，把思想教育、人文关怀、心理疏导结合起来，使官兵始终保持良好的精神和心理状态。军队政治工作要准确把握思想问题与心理问题的区别和联系，防止把心理问题当成思想问题。要注意维护官兵心理健康，积极开展心理健康教育，增强官兵对心理问题的理性认识，及时了解掌握官兵心理状况，有效识别和防范心理问题，精准有效做好相关工作，提高心理自助、互助能力，为官兵成长成才和部队战斗力生成提供有力支持。

三、加强教育引导与注重法纪约束相结合

教育引导是提高官兵思想觉悟和认识能力的基本方法。主要是有目的、有计划、有组织地对官兵施加灌输和影响，帮助官兵坚定理想信念、树立正确的世界观人生观价值观。针对官兵思想观念、价值取向、行为方式、精神文化需求等，通过理论学习、课堂教育、典型示范、文化熏陶、荣誉感召等，贯注进步思想、启发内在自觉、提高政治觉悟，达到正本清源、固本培元的效果。新时代新征程，必须牢牢抓住思想政治教育这个中心环节，着力增强时代性和感召力，着力增强说理性和战斗性，团结动员广大官兵投身强军实践，履行好新时代军队使命任务。

法纪约束是军队政治工作必须重视运用的重要手段。官兵思想道德素质的提高和良好习惯的养成，是一个自律与他律相统一的过程，既靠思想引导，也靠法纪约束。法规和纪律具有规范行为、调节关系、维护秩序的功能，包含着对官兵的引导、教育和管理。开展政治工作要注重发挥法纪强制作用，用以规范和约束官兵言行，引导官兵依法依规履职尽责，形成积极向上的风气。

把教育引导与法纪约束结合起来。加强思想政治教育与运用法纪约束，都是军队政治工作不可或缺的基本方法，两者之间具有密切联系。从本质上讲，法规纪律是思想政治教育的内容和要求在法纪层面的体现和固化，两者的方向和目标是完全一致的。思想政治教育为法纪约束提供引领和前提，法纪约束为思想政治教育提供条件和保障。只有把加强思想政治教育与运用法纪约束有机结合起来，军队政治工作才能形成叠加和倍增效应，增强实际效果。一方面，加强思想政治教育，应当注重发挥法纪的约束、管理作用，把整顿思想与整肃纪律相互配合、贯通起来；另一方面，运用法纪约束，应当以思想政治教育为先导，注重搞好法纪教育，增强官兵的法纪意识，为自觉遵规守纪和严格执法执纪打牢思想基础。同时要注重及时把教育所倡导的内容上升到法纪层面，用法规制度的形式固定下来。

四、领导骨干与广大群众相结合

领导骨干是开展军队政治工作的中坚力量。在军队政治工作中，各级领导骨干发挥着组织、引导和示范作用。军队政治工作是否坚强有力，所担负的任务能否完成，在很大程度上取决于领导骨干的素质和工作成效。正如毛泽东所指出的："许多地方和许多机关工作推不动的一个基本原因，就是缺乏这样一

个团结一致、联系群众的经常健全的领导骨干。"① 领导骨干要旗帜鲜明讲政治、站稳政治立场、坚定政治信念、提升政治能力、确保政治过硬；要忠于职守、爱岗敬业，具有履行岗位职责特别是开展政治工作所需的知识储备、专业素养和能力水平；要有担当作为的精气神，守正创新、拼搏进取、求真务实、真抓实干；要有高尚的道德追求和良好的人格形象，始终严格要求自己，善于搞好团结。

广大群众是开展军队政治工作的依靠力量。广大官兵既是政治工作的对象，又是政治工作的主体。官兵作为军队建设的直接参与者和政治工作成效的最终体现者，对部队建设实际最有发言权，对政治工作效果体会得最真切、最准确。广大官兵朝夕相处、同生死共患难，有共同语言、共同情趣、共同追求，能够进行及时、深入、有效的思想沟通和交流。尊重官兵的主体地位和首创精神，发动广大官兵一道来做政治工作，是被实践证明了的管用的方法。

坚持领导骨干与广大群众相结合。实践表明，只有领导骨干的积极性，而无广大群众的积极性，政治工作便将成为少数人的空忙；但如果只有广大群众的积极性，而无有力的领导骨干去恰当地引导和组织，则群众的积极性既不可能持久，也不可能走向正确的方向和提升到高级的程度。坚持领导骨干与广大群众相结合，必须有强烈的群众意识。领导骨干遇事应首先同群众商量，问需于民、问计于民，最大限度地集中群众智慧。习近平指出："要拜人民为师、向人民学习，放下架子、扑下身子，接地气、通下情"②。这对于密切领导骨干与官兵群众的联系，减少政治工作决策失误，都是必不可少的。实现领导骨干与广大群众相结合，关键在领导骨干。只有领导骨干把官兵的积极性真正调动起来，让官兵智慧得到充分发挥，才能使军队政治工作充满活力。

五、一般号召与个别指导相结合

一般号召，是指面向全体工作对象普遍进行的动员和要求。通过一般号召，让工作对象普遍了解和全面把握军队政治工作所传递的信息，是军队政治工作的重要方法。没有一般号召，就不能把广大官兵发动和组织起来，就会失去深厚的群众基础和做好政治工作的基本条件。军队政治工作要高度重视运用

---

① 《毛泽东选集》第三卷，人民出版社 1991 年版，第 898 页。
② 《习近平著作选读》第二卷，人民出版社 2023 年版，第 112 页。

一般号召的工作方法，适时提出带有普遍指导意义的口号和要求。

个别指导，是指有组织有计划地对有代表性、有典型意义的单位或工作进行具体指导。个别指导主要包括两个方面的含义：一是对某个单位或某项具体工作进行个别指导，回答和解决那些特殊的、个别的问题；二是通过调查研究、"解剖麻雀"，发现和推广典型，在取得认识或经验的过程中形成观念、决策，进而更深入地以点带面、指导一般和推动全局工作。毛泽东指出，"如果只限于一般号召，而领导人员没有具体地直接地从若干组织将所号召的工作深入实施，突破一点，取得经验，然后利用这种经验去指导其他单位，就无法考验自己提出的一般号召是否正确，也无法充实一般号召的内容，就有使一般号召归于落空的危险"。① 个别指导有助于把政治工作做深、做细、做活、做实，有助于政治工作积极稳妥、科学有序地展开。军队政治工作应注重搞好个别指导，加强对工作对象的具体分析和特殊性研究，区分层次和对象搞好指导帮带。

坚持一般号召与个别指导相结合。这体现了唯物辩证法的基本原理。一般和个别即矛盾的普遍性和特殊性的关系，是"关于事物矛盾的问题的精髓"②。毛泽东指出，"两个认识的过程：一个是由特殊到一般，一个是由一般到特殊。人类的认识总是这样循环往复地进行的，而每一次的循环（只要是严格地按照科学的方法）都可能使人类的认识提高一步，使人类的认识不断地深化"③。一般号召与个别指导是互为条件、相互依存、不可分离的。如果只注重一般号召，轻视个别指导，就难以实现政治工作的针对性、实效性；如果只关注个别指导，忽视一般号召，就容易陷入片面性和出现经验主义的倾向。军队政治工作尤其要注重搞好一般号召和个别指导的有机结合，既合理实施"漫灌"，又精准搞好"滴灌"，注重总结个别指导中发现的问题、积累的经验，凝练形成规律性认识，及时加以推广和运用。

六、发挥真理力量与发挥人格力量相结合

发挥真理力量，就是用马克思主义科学真理说服人教育人。马克思主义为人类社会提供了最科学、最完整、最严谨的世界观和方法论，是我们认识世界、把握规律、追求真理、改造世界的强大思想武器。党的二十大报告指出，

① 《毛泽东选集》第三卷，人民出版社 1991 年版，第 897 页。
② 《毛泽东选集》第一卷，人民出版社 1991 年版，第 320 页。
③ 《毛泽东选集》第一卷，人民出版社 1991 年版，第 310 页。

中国共产党为什么能，中国特色社会主义为什么好，归根到底是马克思主义行，是中国化时代化的马克思主义行。在各种思想文化相互激荡的情况下，我军政治工作之所以能够在纷繁复杂的环境中发挥作用，就是因为始终追求真理、坚持真理、传播真理，用真理的力量凝聚军心士气。

发挥人格力量，就是用领导干部、政治干部的高尚人格吸引人感召人。人格力量，是指各级领导干部特别是政治干部自身形象即人格形象在官兵心目中所具有的地位和产生的影响力。人格力量是政治工作吸引力、感召力的重要组成部分。过去，我军做政治工作主要靠模范带头。现在，形势发展变化了，做政治工作的方法手段多了，但模范带头并没有过时。政治干部表里如一、言行一致，本身就是最直接、最现实的教育，就是最生动、最令人信服的教材，就是最有力、最有效的政治工作。

把发挥真理力量与发挥人格力量结合起来。习近平指出："我们党作为马克思主义执政党，不但要有强大的真理力量，而且要有强大的人格力量；真理力量集中体现为我们党的正确理论，人格力量集中体现为我们党的优良作风"①。要求"各级干部特别是政治干部把真理力量和人格力量统一起来"②。军队政治工作的对象，是具有真情实感、是非判断和选择接受能力的广大官兵。坚持用真理说服人、用真情感染人、用真实打动人，使真理力量与人格力量相结合，就能实现说与做、情与理、说服力与感召力的有机统一。一方面，真理的力量要靠具有高尚人格的政治干部去运用、去发挥、去释放，以政治干部对所宣传科学理论的率先践行、身体力行，推动科学理论真正进入官兵头脑，影响官兵行为。另一方面，政治干部的人格力量要靠真理的力量来熏陶、形成、支撑和提升，必须发扬理论联系实际的马克思主义优良学风，坚持深入持久扎实地学习，坚持学而信、学而用、学而行。

第二节　军队政治工作方法的科学运用

军队政治工作方法的科学运用，是一个不断适应形势任务、环境条件、官兵思想变化的过程，是一个弘扬优良传统、解决矛盾问题、发挥应有作用的过

---

① 《习近平关于全面从严治党论述摘编（2021年版）》，中央文献出版社2021年版，第314页。
② 《习近平著作选读》第一卷，人民出版社2023年版，第315页。

程。必须坚持目标导向和问题导向相统一，坚持守正和创新相统一，坚持两点论和重点论相统一，切实增强针对性、系统性、灵活性、有效性。

一、在掌握普遍性方法的基础上注重具体细化

恩格斯指出："马克思的整个世界观不是教义，而是方法。它提供的不是现成的教条，而是进一步研究的出发点和供这种研究使用的方法。"① 军队政治工作方法是一个多层次的体系，其中既有适用于全军各部队的普遍性方法，也有针对不同层级、不同类型单位、不同对象所采取的具体方法。军队政治工作的普遍性方法反映了军队政治工作的一般规律，一些经实践证明了的行之有效的方法已经上升为法规，成为部队开展政治工作的基本依据。部队类型、担负任务多样性，以及工作对象成分结构、思想行为的差异性，决定了军队政治工作必须有针对性地采取适当的、具体的方法。如果简单机械地照抄照搬普遍性方法，就不可能有效解决复杂多样的问题。因此，必须坚持具体问题具体分析，在掌握和运用军队政治工作普遍性方法的基础上，结合不同类型单位、不同个体具体情况精准施策，并进行创造性的探索和总结归纳，形成各具特色、丰富多彩、有效管用的方法。

搞好方法的具体细化，前提是加强调查研究，运用好"深、实、细、准、效"五字诀，充分发挥主观能动性，广泛吸收各方面意见，把情况摸清、把问题找准、把对策提实；关键是实事求是，因应施策，因时、因地、因人、因事提出切实可行的具体办法。比如，"课堂教育灌输"是军队思想政治教育的普遍性方法，运用中应当有的放矢，结合实际差异化实施，根据官兵特点把这一方法细化、深化、具体化，既可以领导宣讲、专家辅导，也可以让普通官兵走上讲台进行自我教育，既可以课堂上讲、也可以网上讲，既可以上大课、也可以讲微课，使教育更加接地气聚人气，符合实际、为官兵乐于接受。

二、在用好一种方法的基础上注重系统施策

唯物辩证法认为，万事万物是相互联系、相互依存的。整个世界既是相互联系的整体，也是各要素相互作用的系统。只有运用系统思维和系统方法，才能从整体上综合地、精准地观察和把握事物，才能科学地谋划和指导实践。组

---

① 《马克思恩格斯文集》第十卷，人民出版社 2009 年版，第 691 页。

织开展军队政治工作，通常情况下会根据实际需要，针对政治工作的具体目的、内容、对象、环境、条件，选准一种最适合的方法，同时又必须强化系统观念，善于运用系统科学、系统思维、系统方法研究解决问题，综合运用军队政治工作的多种方法，形成科学配套的最佳方法组合，用以完成某项具体任务、解决某一具体问题，最大限度地发挥出综合效益，增强政治工作实际效果。

搞好方法的综合运用，关键是要整体统筹、多措并举。坚持和运用系统观念观察形势、分析问题，聚焦推进某项政治工作的目标任务，搞清其上下左右的关联，区分时限、进程、场景，厘清需采取的主要方法和其他方法，从整体上进行深入思考和统筹谋划，形成突出重点、兼顾其他、同向发力、有效衔接的方法库、工具箱。比如，执行作战任务开展战前动员教育，就有召开誓师大会，组织挑应战、表决心，发动官兵写请战书、亲友写嘱托信、地方写慰问信等多种方法手段，应当灵活选择、有机搭配，全方位、立体化地激发官兵参战热情。

三、在继承传统方法的基础上注重改进创新

守正才能不迷失方向、不犯颠覆性错误，创新才能把握时代、引领时代。我军政治工作在长期实践中形成了一整套行之有效的传统方法，它们反映了人民军队政治工作的客观规律，具有科学性和稳定性，是开展军队政治工作最基本、最常用的方法，必须坚持好、运用好。但随着时代的发展，政治工作也必须不断改革创新，积极探索新路子、总结新经验、创造新方法。只有那些深刻反映时代特征、适应形势任务需要的新方法，才能有效解决军队政治工作面临的新矛盾和新问题。在坚持传统方法的同时，必须从新的历史条件和部队现实需要出发，大胆探索新的工作方法，使我军政治工作的方法库更加丰富多彩。

搞好方法的改进创新，关键是要坚持与时俱进、破解难题。必须进一步解放思想、转变观念，确立政治工作必须要与时代发展合拍、与官兵思想同频共振的理念。深入了解把握新体制新职能新使命下部队建设出现的新情况新问题，以及对军队政治工作提出的新要求，抓住热点、难点、堵点、痛点，拿出切实有效的新思路新举措。比如，着眼保证特有政治优势固牢扎深、创新基层治理破解现实难题，军队政治工作试点推进基层"三大组织"联建联创，聚焦提高自建能力，突出党支部主导作用，坚持按纲依规运行，注重搞好统分结合，依靠官兵聚力增效，以党支部过硬引领带强团支部和军人委员会两大群众

组织，推动建设"三个过硬"基层。

四、在用好我军政治工作方法的基础上注重吸收借鉴

军队政治工作的特色和优势，是在马克思主义指导下充分借鉴古今中外文明成果基础上形成的。新时代用好用活军队政治工作方法，应一以贯之坚持开放性、包容性。既要以我为主、守住根本，一切有利于发挥军队政治工作生命线作用的方法，都必须毫不动摇地坚持；同时又要打开视野、汲取人之所长，以广阔的胸怀积极吸收借鉴相关经验和有益做法。

搞好方法的吸收借鉴，关键是创造性转化、创新性发展。我国古代积累了十分丰富的优秀传统军事文化，其中包含着仪式教化、战功激励、诗词传诵等政治性工作方式方法。新形势下，地方各级党组织在加强党的建设、加强和改进思想政治工作等方面，探索形成了许多新观念、新思路、新做法。世界其他国家军队开展政治性工作也有很多共性的东西，尤其在军人精神教育、军官培养选拔任用、军人福利保障等方面有一些值得研究的经验做法。应当运用马克思主义的立场、观点、方法，从我军的特殊性以及政治工作的特点和需要出发，坚持以我为主、为我所用，取其精华、去其糟粕，有选择性地学习和借鉴，创造性地加以改造完善和转化运用，决不能盲目照搬、简单移植，确保军队政治工作方法运用既拓宽视野，又保持正确方向。

思考题：

1. 我军政治工作有哪些主要方法？
2. 为什么说"先进性要求与广泛性要求相结合"是我军政治工作的重要方法？

第十一章　军队政治工作的组织实施和
监督检查

军队政治工作的组织实施和监督检查，是军队政治工作主体按照既定计划和目的，对官兵施加影响和督促落实的过程，是政治工作运行体系的重要环节。加强军队政治工作，必须明确政治工作组织实施和监督检查的主体、职责和要求，压实政治工作落实的责任链条。

第一节　军队政治工作的组织实施

军队政治工作的组织实施，贯穿军队政治工作各方面和全过程。有计划有组织开展政治工作，对于增强政治工作质量效益具有重要意义。

一、军队政治工作组织实施的责任主体

军队政治工作的组织实施，是在上级政治机关的指导、同级党组织和政治主官的领导下，由政治机关和政治干部负责进行的。不编设政治机关的团级以上单位，政治工作由政治委员或者政治协理员组织开展；不编设政治委员或者政治协理员的，政治工作由单位主官组织开展。

上级政治机关指导。政治机关是党在军队中的工作机关。政治机关要根据党中央、中央军委的决策部署和上级党委的指示要求，拟制政治工作计划，下达政治工作指导性意见，明确开展政治工作的有关安排和要求，指导下级部队组织开展政治工作。对专业兵种不同的部队、执行不同任务的部队和编制类型不同的政治机关，要实施分类分级指导。

同级党组织和政治主官领导。各级党委（支部）要加强对政治工作的组织领导，政治工作一切重大问题应由党委（支部）集体讨论决定，并及时向上级党组织请示报告重大事项，支持本级政治机关和政治干部履行职责。政治主官应担负起对所属单位政治工作的领导责任，抓住重点环节，实施有效领导。一是深入调查研究。经常深入基层、深入实际、深入一线，直接倾听群众呼声，体察官兵真情实感，掌握第一手资料，形成对工作情况的基本认识，做到心中

有数。要广泛收集信息，准确筛选信息，快速传递信息，灵敏反馈信息，通过各种手段畅通信息渠道。二是加强统筹谋划。善于从政治工作各项业务之间的相互联系上提出问题和解决问题。加强系统谋划，善于从单位总体建设上谋划政治工作全局，搞好科学决策，严格按照决策程序，遵循基本步骤，做到研究论证在前、拍板决定在后。三是推动工作落实。以钉钉子精神，把党委（支部）决策和政治工作的规划、计划、任务逐条落到实处，加强监督检查，及时发现和解决矛盾问题，总结推广经验。

部队政治机关和政治干部组织开展。政治机关应定期分析形势，全面掌握情况，在政治工作决策中发挥好参谋作用，当好同级党委、首长的参谋和助手。加强机关之间协调，明确相互协同的方法和途径，特别是做好遂行任务时的协调配合，明确各自责任，避免"挂空挡"。注重吃透"上情"，熟悉和掌握党的路线方针政策、军队的条令条例和规章制度，深刻理解党委、首长的意图；注重摸清"下情"，深入实际调查研究，把工作对象和环境条件等情况搞清楚；同时把"上情"和"下情"结合起来，拿出有效对策举措，将理论化为实践、原则化为具体。发挥服务和执行作用，既提出任务和要求，又扑下身子真抓实干；既给予基层一定自主权，又主动指导帮带。政治干部要亲力亲为抓好各项具体工作落实，同时注重模范带头、率先垂范，当好排头兵。尤其要和官兵打成一片，切实掌握思想动态，搞好检查督促，把工作落细落实。

二、军队政治工作组织实施的基本步骤

军队政治工作是一项科学性很强的实践活动，应当遵循政治工作的内在规律，按照政治工作组织实施的基本要求，由各级党组织、政治机关、政治干部依照相应程序有步骤地开展。

一是加强统筹谋划。依据党中央和中央军委的决策部署、上级党委的指示要求、部队面临的形势任务，对本级政治工作进行周密思考和统一筹划，主要是学习贯彻习近平新时代中国特色社会主义思想，学习贯彻习近平强军思想，学习领会习近平关于新时代军队政治工作的重要论述，学习领会党中央、中央军委的大政方针和决策部署，深入分析研究部队担负的使命任务和政治工作面临的新情况新问题，形成对政治工作的整体设想和基本思路。

二是制订方案计划。在学习研究和统筹谋划的基础上，对政治工作作出科学计划安排。中央军委政治机关根据党中央、中央军委的决策部署，组织拟制

全军政治工作规划计划并监督实施；各级政治机关根据中央军委政治机关的统一部署、同级党委和上级政治机关的指示要求，结合本单位实际对政治工作作出计划安排。主要是拟制本单位年度政治工作、阶段性政治工作或专项政治工作方案计划，由同级党委审定后下发实施。方案计划通常包括：政治工作的指导思想、工作目标、主要任务、工作重点、实施步骤、保障措施、具体要求等。不编设政治机关的团级以上单位，由政治委员或者政治协理员负责拟制政治工作方案计划；不编设政治委员或者政治协理员的，由单位主官负责拟制。

三是做好各项准备。围绕工作目标和主要任务，认真周密地做好人员、场地、活动等相关准备。比如，开展调查研究，建立相关组织，协调各类资源，召开工作准备会，组织备课示教，抓好先行试点，开展骨干培训，营造工作氛围，完善保障条件等。

四是具体组织实施。按照政治工作方案计划，综合运用集中教育、辅导答疑、讨论交流、个别谈心、专题活动、对照检查、纠治整改、考核评议等多种方式方法，有序开展各项工作。在组织实施过程中，要适时进行检查督导，及时发现矛盾问题，了解群众意见建议，督促党委履行职责、机关改进指导、基层单位抓好落实。

五是全面考评总结。根据工作进程，对政治工作的开展情况和取得成效进行考核评估和经验总结。主要是总结成绩和收获，发现先进典型，推广成功经验，查找薄弱环节，分析主客观原因，制定改进措施。对工作成效显著的单位和个人，按照规定给予表彰奖励；对工作不力或问题突出的单位和个人，根据情节轻重追究相关责任。

第二节　军队政治工作的检查评估

检查评估，是对军队政治工作发挥服务保证作用成效的衡量评价，对于坚持军队政治工作的正确导向，提高军队政治工作科学化水平，具有重要意义。

一、军队政治工作检查评估的主体与客体

检查评估主体。政治工作检查评估的主体，是指开展检查评估活动的各类组织和人员。他们是检查评估活动的发动者和组织者、检查评估标准要求的制

定者、检查评估方法手段的选用者和操作者，也是政治工作质效的判定者和反馈者。检查评估主体应具有较强的专业性和权威性。一般而言，各级检查评估在党委领导下，由政治机关牵头组织实施，根据需要可吸收作战、训练、管理等部门人员参加。

检查评估客体。政治工作检查评估的客体，是指政治工作的开展情况及其效果。检查评估政治工作开展情况，主要是对照各级职责要求，全面系统考察开展政治工作的质量。检查评估政治工作的效果，主要是围绕党在新时代的强军目标，深入考察确保听党指挥、聚焦能打胜仗、保持作风优良等方面的成效。坚持实践标准，重在以实际成效来检验政治工作，推动政治工作检查评估向重效果、重实绩转变，提高政治工作检查评估的科学性。

二、军队政治工作检查评估的指标体系

在军队政治工作检查评估中，检查评估指标是基本依据。只有建立科学的检查评估指标体系，检查评估才有标准尺度、才能发挥牵引作用，达到预期效果。军队政治工作的检查评估指标体系涵盖军队政治工作各个方面，通常由若干一级指标、二级指标以及相应的具体指标构成。主要包括：一是思想政治素质状况，可分解为理论武装、政治信念、思想道德、精神状态等二级指标。二是各级各类组织作用发挥状况，可分解为党委的统一领导作用、基层党组织的战斗堡垒作用、领导干部的模范带头作用、共产党员的先锋模范作用，以及共青团和军人委员会的助手桥梁作用等二级指标。三是内外关系和作风纪律状况，可分解为部队内部关系、军政军民关系、依法治军从严治军、执行纪律、部队安全稳定等二级指标。四是履行职能完成任务状况，可分解为向战为战导向、官兵训练热情和动力状况、科技练兵情况、政治工作作战准备和作战能力状况、各类人员履职尽责情况，以及部队训练、作战和其他各项任务完成情况等二级指标。构建军队政治工作检查评估指标体系，应注意合理分配权重，通过权重体系形成科学的评估尺度，增强检查评估的准确性和可信度。

三、军队政治工作检查评估的方式方法

单项检查评估、嵌入检查评估、综合检查评估相结合。单项检查评估主要是对部队思想政治教育情况、党组织建设情况、战斗精神培育情况等进行分项

检验，通常在某项教育结束或者执行作战行动、战备行动和非战争军事行动以及参加联合训练复盘总结时组织；嵌入检查评估主要是利用党委班子和干部考核、巡视巡察或者"双争"评比等时机，对政治工作情况进行检验；综合检查评估主要是对全年政治工作情况进行全面检验，注重吸纳单项检查评估、嵌入检查评估结果，通常在年终工作总结时组织。在实际工作中，要把三种方式有机结合起来、灵活加以运用。

定性评估与定量评估相结合。定性评估，是在客观事实的基础上对政治工作作出总体和性质上的判断，辨别其是积极的正效果，还是消极的负效果，以明确各种效果在质上的差异性。定量评估，是运用数理统计方法，对政治工作效果进行较为精准的测量计算，以明确效果的范围和程度。要坚持两者互补互鉴，以定性评估为主，以定量评估为辅，多方位、多视角、多渠道加以定性评估与定量评估，全面而具体地把握政治工作质效。

内部评估与外部评估相结合。内部评估包括上级机关评估与部队官兵评估。采用这种评估方式，有利于促进基层建设，也有利于改进机关作风。外部评估是由相对独立的没有利害关系的第三方进行的检查评估，是对内部评估的必要补充，有利于增加评估的客观公正程度。把两种评估方式结合起来，可以增强评估的客观性、精准性。

四、军队政治工作检查评估的原则要求

军队政治工作检查评估必须坚持以战斗力为根本标准，基于实效、融入实践、聚焦实战，注重以检促建，不搞绝对量化，不唯登记统计，力戒简单粗放，力戒形式主义、官僚主义，做到科学筹划、严密组织、精准高效。

基于实效、融入实践、聚焦实战。基于实效，就是政治工作检查评估要坚持注重实际成效的导向。军队政治工作检查评估应当树立成本意识和效益观念，把政治工作的投入成本和产出效果联系起来进行考察，既注意考评政治工作的最终成果，又对政治工作投入的人力、财力、物力和时间进行必要估算，在投入和产出的比较中，衡量政治工作的效益高低。融入实践，就是政治工作检查评估要紧密结合部队实际、围绕部队中心工作展开。政治工作检查评估应注重考察相关调查研究是否深入扎实，计划安排是否切合实际，组织实施是否注重科学严密，工作导向是否解决实际问题等。通过评估，促使军队政治工作更好服务保证部队建设和各项任务完成。聚焦实战，就是坚持战斗力这个唯一

的根本的标准，重点考察政治工作对战斗力的贡献率。政治工作检查评估应注重考察各级党组织是否重心在战，部队练兵备战是否氛围浓厚、符合实战要求，官兵当兵打仗、带兵打仗、练兵打仗思想是否牢固，领导干部是否带头思战谋战，主动提升指挥素养，强化体能、技能等，推动形成有利于提高战斗力的舆论导向、工作导向、用人导向、政策导向。

正确把握政治工作的质效特点。军队政治工作的检查评估，主要是检查政治工作的质量和效果。与其他社会实践活动的质效相比，军队政治工作质效有其自身特点。一是质效实现的对象化。军队政治工作的作用和成效不是在自身工作范围内，而是在工作对象思想行为的发展变化中实现的。换句话说，就是军队政治工作的质效主要体现在工作对象及其现实表现上。认识和把握这一特点，有助于防止和克服在检查评估中自我封闭、自我评价、自我肯定的倾向。二是质效形态的相对性。军队政治工作的质效是客观实在的，但许多方面难以全面量化和精确评估，只能从总体上进行比较分析和定性判断。由于政治工作的对象是人，人的思想又是动态变化的，具有一定的不确定性，衡量和评估政治工作影响官兵思想的成效很难做到十分精确，只能作出相对客观的结论。认识和把握这一特点，有助于政治工作检查评估把绝对与相对、主观与客观统一起来。三是质效显现的渐进性。军队政治工作质效在一定条件下可能会直接、快速地显现出来，但多数情况下需要逐步积累和显现。认识和把握这一特点，有助于客观看待政治工作的作用和效果，树立和践行正确的政绩观，防止和克服形式主义、官僚主义，防止和克服急功近利行为。

注重以检促建。军队政治工作检查评估的最终目的是激励先进，鞭策后进，树立正确导向，加强和改进政治工作，促进部队全面建设。要通过检查评估发现和解决问题，压实责任，改进工作指导，推广经验做法，提高政治工作质效，并由此带动部队各方面工作的创新发展。政治机关组织检查评估后，应当向本单位党委报告有关情况，反映成绩，指出问题，查找党委机关在工作指导上存在的差距不足，提出整改意见建议，必要时写出书面报告。要重视对检查评估过程进行总结和反思，对评估指标体系和评估方式加以修正，使检查评估更加科学精准，更好地发挥导向、诊断和促进作用。检查评估情况应及时反馈给受检单位、通报所属部队，并将问题线索通报有关部门。各级党委应将检查评估结果作为对单位、个人实施奖惩激励和检验部队全面建设的重要依据。

第三节　军队政治工作的监督问责

监督问责，是对军队政治工作实施过程进行的监管督促和责任追究，是推动政治工作规范运行的重要保证，是提升政治工作质效的有力抓手。

一、军队政治工作的监督

政治工作监督内容丰富，必须有所侧重，抓住重点。应着眼坚持党对军队绝对领导，贯彻党中央、中央军委关于深入推进政治建军决策部署，重点监督党员干部深刻领悟"两个确立"的决定性意义，增强"四个意识"、坚定"四个自信"、做到"两个维护"，贯彻军委主席负责制情况；着眼全面加强新时代军队党的建设，重点监督贯彻民主集中制，充分发挥党委统一领导和基层党组织战斗堡垒作用的情况；着眼加强和改进新时代军队政治工作，重点监督铸牢军魂工作、高中级干部管理、战斗精神培育、作风建设和反腐败斗争、政治工作创新发展等方面情况；着眼立起战斗力这个唯一的根本的标准，重点监督作战、训练和非战争军事行动中政治工作发挥服务保证作用情况；着眼永葆人民军队性质、宗旨、本色，重点监督纯洁内部关系和巩固内部团结、巩固发展军政军民团结、深入推进正风肃纪反腐情况；着眼建设对党绝对忠诚、聚焦打仗有力、作风形象良好的政治机关和政治干部队伍，重点监督提高素质、改进作风情况；等等。

军队政治工作监督方式多样，主要包括党内监督、专门监督、群众监督和社会监督等，是各类监督相互配合的完整体系。对政治工作实施党内监督，是依据党章和其他党内法规，对各级党组织、政治机关、政治干部特别是各级领导干部组织开展政治工作情况进行的监督，主要监督其履行职责、行使权力等情况。党员应当本着对党和军队事业高度负责的态度，积极行使党员权利，履行对本单位政治工作情况的监督责任。应以党内监督为主导，贯通各类监督，形成监督合力。改进对政治机关、政治干部及相关人员开展政治工作情况的行政监督，增强业务程序、工作行为的合法性、合规性，防止失误、提高效能。强化专门监督，发挥纪委监委专责机关作用，深化政治监督、加强日常监督，精准有效运用监督执纪"四种形态"；健全情况通报、信息共享、结果共用制度，推动司法监督、审计监督协同发力。加强群众监督，支持军人委员会、军人代表会议、军人大会发挥监督作用，健全官兵有序监督政治工作的制度机制，重视采纳官兵提出的意见建议，虚心接受批评质询，确保官兵对政治工作的知情权、参与权和监督权落到实处。社会监督是指社会各界对军队政治工作的监督。要建立健全有关政治工作信息公开、意见反馈机制，重视和运用好来信来访、社会舆论的监督作用，及时回应社会公众对涉军热点问题的关心关切，积极加强和改进军队政治工作，维护我军良好形象。

二、军队政治工作的问责

实施军队政治工作的问责，目的是倒逼责任落实，纠正问题偏差，促进担当作为，保证军队政治工作顺利开展。军队政治工作领域应健全完善相关制度机制，强化问责落地落实。

军队政治工作的问责，主要是追究军队政治工作组织实施中不履行或不正确履行职责的组织和个人的责任。对党组织的问责方式包括：一是检查，责令作出书面检查并切实整改；二是通报，责令整改，并在一定范围内通报；三是改组，对失责失职，严重违反党的纪律、本身又不能纠正的，应予以改组。对党员领导干部的问责方式包括：一是通报，严肃批评，依规整改，并在一定范围内通报；二是诫勉，以谈话或书面形式进行诫勉；三是组织调整或者组织处理，对失职失责、情节较重，不适宜担任现职的，应当根据情况采取停职检查、调整职务、责令辞职、免职等措施；四是纪律处分，对失职失责、危害严重，应当给予纪律处分的，依照有关规定追究纪律责任。

有权必有责、有责要担当、失责必追究，这是我们党管党治党的一个鲜明特征，也是军队政治工作问责的基本要求。实施问责应当把握下列原则：一是坚持依规依纪、实事求是。以事实为依据，以法纪为准绳，精准把握政策，严格履行职责，科学核查判断问题，准确认定性质，区别不同情况，恰当予以处理，避免人为因素对问责决策的影响。二是失责必问、问责必严。落实严字当头、全面从严、一严到底的要求，把严的基调、严的措施、严的氛围长期坚持下去，防止问责利剑生锈、形成"破窗效应"。三是权责一致、错责相当。坚持有权就有责、权责要对等，出了问题在职责范围内承担相应责任，根据失职失责的具体情况和危害程度确定问责方式，准确把握"三个区分开来"① 要

---

① "三个区分开来"，指把干部在推进改革中因缺乏经验、先行先试出现的失误和错误，同明知故犯的违纪违法行为区分开来，把上级尚无明确限制的探索性试验中的失误和错误，同上级明令禁止后依然我行我素的违纪违法行为区分开来，把为推动发展的无意过失，同为谋取私利的违纪违法行为区分开来。

求，防止失准失衡。四是严管和厚爱结合、激励和约束并重。既坚持原则、严格问责，推动责任落实，又区别情况、分类处理，保护党员干部干事创业的积极性。五是惩前毖后、治病救人。治是根本，惩是为了治。要注重抓早抓小、防微杜渐，用好监督执纪"四种形态"，立足教育人、帮助人、挽救人，使党员干部真正扛起责任，不犯或少犯错误。六是集体决定、分清责任。实施问责时，必须按规定程序由集体讨论决定问责事项；必须搞清责任划分，是谁的责任就追究谁的责任，是什么责任就问什么责任，防止问责泛化简单化，防止以问责代替日常教育管理。

思考题：

1. 军队政治工作组织实施的责任主体是什么？

2. 如何理解军队政治工作检查评估的原则要求？

3. 如何增强军队政治工作问责的实际效果？

第十二章　军队政治机关和政治干部队伍建设

政治机关和政治干部是政治工作的主体力量。建设对党绝对忠诚、聚焦打仗有力、作风形象良好的政治机关和政治干部队伍，是做好军队政治工作的关键所在。研究和开展军队政治工作，必须深刻认识加强政治机关和政治干部队伍建设的重要意义，明确新时代政治机关和政治干部队伍建设的目标要求和基本途径。

第一节　政治机关和政治干部队伍建设的目标要求

我军政治机关和政治干部队伍建设历来有着明确的目标要求。进入新时代，习近平强调"建设对党绝对忠诚、聚焦打仗有力、作风形象良好的政治机关和政治干部队伍"①。这是对我军政治机关和政治干部队伍建设目标作出的新概括、提出的新要求，为新时代加强政治机关和政治干部队伍建设提供了根本遵循。

一、对党绝对忠诚

对党绝对忠诚是首要政治品格。政治机关和政治干部对党绝对忠诚主要体现在：理想信念特别坚定，始终保持对马克思主义的坚定信仰，对中国特色社会主义的坚定信念，对实现中华民族伟大复兴中国梦的坚定信心，对党中央、中央军委和习主席的坚定信赖；军魂意识特别牢固，坚持党对军队绝对领导的根本原则和制度，严守政治纪律和政治规矩，在保持一致、听党指挥上坚定自觉；党性原则特别坚强，在党言党、在党忧党、在党为党，敢于同损害党的形象的行为作斗争；官德人品特别端正，带头树立正确的政绩观，带头践行"三严三实"② 要求，带头弘扬和践行社会主义核心价值观和当代革命军人核心价值观；事业追求特别执着，具有做好政治工作的强烈使命担当，勤奋敬业、

---

① 《十八大以来重要文献选编》中，中央文献出版社 2016 年版，第 206—207 页。
② "三严三实"，指严以修身、严以用权、严以律己，谋事要实、创业要实、做人要实。

恪尽职守。

锻造对党绝对忠诚的政治品格，必须加强党的科学理论武装，全面学习领会习近平新时代中国特色社会主义思想，学习贯彻习近平强军思想，筑牢信仰之基、补足精神之钙、把稳思想之舵；必须锤炼爱党忧党护党兴党的坚强党性，强化党员意识和党性修养，加强斗争精神和斗争本领养成，坚决维护党的形象和声誉；必须严格政治纪律和政治规矩约束，带头践行"五个必须"① 要求，提高政治判断力、政治领悟力、政治执行力，以更高标准、更严要求贯彻军委主席负责制；必须培育为党尽责的职业操守，牢记"三个务必"②，以时时放心不下的责任感、积极担当作为的精气神履好职、尽好责。

二、聚焦打仗有力

聚焦打仗有力是核心素质能力。聚焦聚力备战打仗是政治工作的根本价值取向，越聚焦备战打仗，地位就越突出；越聚力练兵一线，作用就越凸显。政治机关和政治干部聚焦打仗有力，主要体现在：战斗力标准牢固确立，自觉把政治工作贯穿战斗力建设各环节、融入军事斗争准备全过程；服务保证中心积极主动，努力形成有利于提高战斗力的舆论导向、工作导向、用人导向、政策导向；任务中政治工作活跃有力，各项工作与作战、训练和非战争军事行动贴得紧、融得深；军事素质过硬，熟悉部队作战任务、主战装备和本级作战指挥，了解掌握军事理论和现代战争制胜机理，成为政治工作和军事工作的行家里手；政治工作准备方案预案完备，人才准备、舆论战心理战法律战准备扎实到位，实案化实战化演练开展经常。

锤炼聚焦打仗有力的过硬本领，必须牢固树立一切为了打仗的思想，强化政治机关是指挥机关、政治干部是指挥干部的观念；必须学军事学指挥学科技，全面提高综合素质和实际能力；必须适应军事力量运用常态化多样化趋势，全时跟进、全程服务、全面渗透，在遂行重大任务中历练提高谋战务战、服务打赢的实际本领；必须研究掌握政治工作服务保证战斗力建设的作用机理，探索改进作战中政治工作，提升军事斗争政治工作准备水平，聚焦备战打

---

① "五个必须"，指必须维护党中央权威，必须维护党的团结，必须遵守组织程序，必须服从组织决定，必须管好亲属和身边工作人员。

② "三个务必"，指务必不忘初心、牢记使命，务必谦虚谨慎、艰苦奋斗，务必敢于斗争、善于斗争。

仗充分发挥我军特有政治优势。

三、作风形象良好

作风形象良好是根本人格要求。政治机关和政治干部作风形象良好，主要体现在：重实干，工作求实务实，话风文风会风朴实；重公正，正确行使权力，在选人用人等敏感问题上公平公道；重法治，严格按职责权限办事，工作运行标准化规范化精细化；重创新，坚持继承传统与改革创新相结合，善于运用信息手段增强工作效能；重身教，知行合一、言行一致，严于律己、清正廉洁；模范践行军队好干部标准，带头做有灵魂、有本事、有血性、有品德的新时代革命军人。

争做作风形象良好的模范和表率，必须弘扬求真务实的科学精神，坚持在实践中认识真理、把握规律，真抓实干、务求实效，敢于直面矛盾、敢于较真碰硬；必须培育知行合一的高尚品行，坚持学用一致，坚持对人与对己一致，说老实话、做老实人、办老实事；必须恪守公正清廉的行为准则，公正选人用人，公平办事处事，严格落实中央八项规定精神、军委十项规定及其实施细则精神；必须强化法治信仰和法治思维，带头尊法学法守法用法，养成依法办事的工作习惯；必须认真履行为官兵服务的基本职责，深入纠治"四风"特别是形式主义、官僚主义，认真落实当兵蹲连、挂钩帮建等制度，想方设法解决官兵急难愁盼问题，持续为基层减压减负。

第二节　政治干部的必备素质

新时代的政治干部应该具备优秀的思想政治素质、精深的本职业务素质、厚实的现代军事素质、宽广的人文科技素质、健康的身体心理素质。政治干部只有具备良好而全面的素质，才能坚定贯彻党的理论和路线方针政策，有效履行岗位职责，充分发挥应有作用，提高政治工作的效能和威信。

一、思想政治素质

思想政治素质，是政治干部所具备的鲜明的、稳定的政治品格和思想道德情操，在政治干部素质结构中处于首要地位、起主导作用。主要包括：政治理论素养、党性修养、政策水平、思想道德品质等。

政治理论素养，是政治干部履行职责所需要的学习、掌握和运用马克思主义的修养和能力。这是政治干部综合素质的核心，是政治干部履行职责的根基。政治干部应当牢固确立马克思主义的精神支柱和政治信仰，自觉做共产主义远大理想与中国特色社会主义共同理想的坚定信仰者和忠实实践者；努力学习掌握马克思主义基本原理，学习马克思主义及其中国化时代化最新成果，把握习近平新时代中国特色社会主义思想的世界观、方法论，坚持好、运用好贯穿其中的立场、观点、方法，在真学真懂真信真用、深化内化转化上下功夫；弘扬理论联系实际的优良学风，善于运用科学理论指导改造主观世界和客观世界，坚持以学铸魂、以学增智、以学正风、以学促干，坚持学思用贯通、知信行统一，不断提高政治判断力、政治领悟力、政治执行力。

党性修养，是党员干部自觉按照党性要求塑造和完善自我，使自己具备工人阶级先进分子优良品质的实践过程，是共产党人理论修养、政治修养、思想修养、作风修养等的有机统一。政治干部应自觉学习党章、模范贯彻党章、严格遵守党章、坚决维护党章，强化党的意识、党员意识，坚守真理、坚守正道、坚守原则、坚守规矩；带头严格遵守党的政治纪律、组织纪律、廉洁纪律、群众纪律、工作纪律、生活纪律，在思想上政治上组织上同党中央、中央军委保持高度一致，毫不动摇坚持党对军队绝对领导；坚持民主集中制原则，自觉加强党内生活锻炼，做政治合格、执行纪律合格、品德合格、发挥作用合格的党员。

政策水平，是政治干部理解、掌握和贯彻执行党的路线方针政策的素质和能力。政治干部只有具备较高的政策水平，才能带领官兵坚决贯彻执行党的路线方针政策和上级命令指示，才能妥善处理各种复杂敏感问题。政治干部应当准确把握党的路线方针政策，善于从党的路线方针政策的角度观察分析问题，正确区分和处理不同性质矛盾，敏锐发现和主动防止在执行过程中可能出现的偏差；热情宣传党的路线方针政策，在全面准确把握精神实质的基础上进行正确宣传和科学解释，善于用党的路线方针政策分析回答现实问题，统一官兵思想，增强官兵贯彻执行的自觉性和坚定性；坚决而有创造性地贯彻执行党的路线方针政策，敢于旗帜鲜明地反对和抵制违背党的路线方针政策的言论和行为，紧密结合本单位实际，不搞照抄照转、生搬硬套，把功夫下在深入学习理解上，下在调查研究上，下在与本单位实际情况的结合上。

思想道德品质，是政治干部职业道德和道德情操的总和，是社会主义核心价值观和当代革命军人核心价值观在政治干部身上的具体体现，是政治干部的立身之本。政治干部应有良好的职业道德，真心热爱政治工作，潜心钻研政治工作，扎实做好政治工作，做到热爱本职、忠于职守，勤勉敬业、乐于奉献，刻苦钻研、精通业务；有高尚的道德情操，忠诚老实、襟怀坦白，公而忘私、严于律己，顾全大局、团结同志，谦虚谨慎、不骄不躁，清正廉洁、诚信可靠，品行端正、情趣健康，时刻把自己置于组织和群众监督之下，在官兵中威信高、形象好。

二、本职业务素质

本职业务素质，是政治干部从事政治工作应具有的专门业务知识和能力，是政治干部素质结构中的主体部分，是政治干部做好政治工作的基本功。主要包括：掌握政治工作业务知识、具有政治工作业务能力等。

掌握政治工作业务知识。主要包括政治工作基础知识和政治工作专业知识。政治工作基础知识，包括军队政治工作发展历史、优良传统、基础理论、主要内容、基本方法和重要法规等。政治工作专业知识，包括政治工作不同内容和部门的专业知识，如宣传思想文化工作、组织建设、军事人力资源工作、群联工作、纪检监察工作、政法工作、备战打仗中政治工作等业务知识，以及战区政治工作，军兵种政治工作，部队、机关和基层政治工作，不同任职岗位政治工作等业务知识。政治干部必须具备政治工作基础知识，精通本单位、本部门、本岗位政治工作专业知识，并力求了解掌握其他相关单位和领域的政治工作专业知识。

具有政治工作业务能力。主要包括政治干部的通用能力和岗位任职能力。政治干部通用能力，包括调查研究能力、组织协调能力、宣传教育能力、语言和文字表达能力、开拓创新能力等。政治干部岗位任职能力，是在具备通用能力的基础上胜任本职岗位的特殊能力要求，分别反映在三个层次政治主官（政治委员、政治教导员、政治指导员）、政治机关领导和政治机关干部的素质能力要求上。政治委员、政治教导员、政治指导员必须带头学习贯彻习近平新时代中国特色社会主义思想，突出学好习近平强军思想，具备履行职责所需的理论素养和政治能力；带头贯彻落实党对军队绝对领导的根本原则和制度，坚决执行党的理论和路线方针政策，执行宪法、法律和军队的法规制度以及上级决议、命令、指示，把握单位建设的正确方向；带头学军事学指挥学科技，做到军事素质过硬，作战英勇果敢，能够组织指挥作战行动，能够带领部队遂行作战任务；带头贯彻民主集中制，善于统班子带队伍，管党务党能力强，发挥组织功能作用好；带头担当作为，注重求实务实，勇于改革创新，密切联系群众，自身要求严格，做全体官兵的模范。政治机关领导必须具备履行职责所需的理论素养和政治能力，坚守政治立场，严守政治纪律和政治规矩，做政治上的明白人；具备丰富的政治工作经验，善于围绕党委决策意图、紧贴备战打仗筹划开展工作，善于调查研究和总结经验，善于组织协调和抓好落实；具备良好的军事素养，积极学军事学指挥学科技，熟练筹划组织作战、训练和非战争军事行动中政治工作；具备坚强的党性原则和坚定的法治信仰，勇于担当，敢于斗争，公道正派，清正廉洁。政治机关干部必须做到政治过硬，坚定信仰信念，严守政治纪律和政治规矩，善于从政治上分析问题、解决问题；业务过硬，懂军事、懂作战、懂科技，会调查研究、会参谋指挥、会业务指导、会文字表达、会组织协调、会网络运用，熟悉作战、训练和非战争军事行动中政治工作，成为政治工作和军事工作的行家里手；作风过硬，热爱本职岗位，热心服务基层，严谨细致，务实高效，秉公办事，遵规守纪。

三、现代军事素质

现代军事素质，是政治干部履行职责应当具备的重要素质。主要包括：掌握现代军事知识、具有军事指挥能力等。

掌握现代军事知识。主要包括军事理论知识、现代战争知识、装备技术知识等。在军事理论知识方面，应学习掌握马克思主义军事思想，掌握党的军事指导理论，掌握军事战略方针，了解战略学、战役学、战术学、作战指挥学、联合作战理论、军事谋略学、军事管理学、后勤保障、装备保障等军事理论知识，知晓有关作战、训练的条例、纲要、大纲等内容，了解军兵种知识，了解战斗力生成模式转变的内容和途径，了解外军军事战略和作战思想等。在现代战争知识方面，应了解掌握信息化智能化战争特点规律，把握其基本作战样式、制胜机理及作战过程，了解现代战争理论前沿问题等；应了解掌握联合作战理论知识，懂得联合作战的战略、战役、战术及主要样式的特点与要求，掌握联合作战、联合行动和联合训练的原则、程序与方法等；应了解掌握非战争军事行动相关理论知识，把握非战争军事行动各类任务的特点、需求及组织实施等。在装备技术知识方面，应了解掌握高新技术尤其是信息技术在军事领域中的应用，知晓我军和外军主战武器装备尤其是信息化武器装备的种类和性能，了解信息化作战平台、新概念武器等方面的知识，掌握作战指挥与模拟训练系统平台的基本原理和主要用途，熟悉本单位武器装备的性能和维修常识等。

具有军事指挥能力。一是协同同级军事主官实施作战指挥及其他军事行动指挥的能力，包括了解掌握作战指挥的规律、原则、机构、手段、过程和方式，熟悉本级指挥程序，熟悉本单位承担的任务及其力量运用、方法手段，会指挥本级作战和所承担的其他军事行动，会组织开展训练和非战争军事行动中政治工作，会处置应急突发事件，及时有效地把政治工作做到任务一线。二是把握舆论战、心理战、法律战的作用机理，会配合军事打击筹划和组织，会从攻防结合上全面组织实施，会综合运用各种手段和资源整体发挥作战效能。

四、人文科技素质

人文科技素质，是政治干部在哲学社会科学、自然科学、现代科学技术等方面的综合知识修养和运用能力。政治工作是一门涉及多种学科知识的综合性科学，要求政治干部必须具有宽广的人文科技素质。人文科技素质，主要包括掌握人文科技知识、具有多学科知识的综合运用能力等。

掌握人文科技知识。主要包括哲学社会科学知识、自然科学知识和现代科技知识等。哲学社会科学知识方面，政治干部除了必须掌握马克思主义基本理论外，还应广泛学习掌握军队现代化建设和开展政治工作所需要的经济、政治、文化、社会、法律、管理等方面的基本知识。自然科学知识方面，主要学习了解与政治工作相关的知识及新进展，如气象、地理、医学、生态环境等方面的知识及其在军事领域的应用。现代科技知识方面，应着重学习掌握信息技术尤其是军事信息技术知识，学习了解人工智能、大数据、云计算、区块链、物联网、自动控制、定位导航等高新技术及其在军事领域的应用，重点学习掌握作战指挥信息系统、政治工作信息网络等的基本知识和使用方法，着力提高科技素养。

具有多学科知识的综合运用能力。政治干部应能够紧密结合政治工作实际学习掌握多学科知识，拓宽视野和思路，增强政治工作的科学性和有效性。如在思想政治教育中，善于运用政治学、伦理学、历史学、教育学、文学等知识，增强教育的思想性、知识性和艺术性；在开展经常性思想工作时，善于运用心理学、社会学、法学、医学等知识，帮助官兵排忧解难，有效化解思想困惑、心理问题，扫除生理知识盲区；在组织建设、军事人力资源工作中，善于运用领导科学、人才学、管理学、统计学等知识，提高工作质效。尤其是能够综合运用现代科技知识，协同军事干部指挥军事行动和组织军事训练，加强作战政治工作演练和舆论战、心理战、法律战训练，推进政治工作信息化建设。

五、身体心理素质

身体心理素质，是政治干部充分发挥其职能作用的基础条件。

身体素质。身体作为人的内在素质的物质载体，直接影响政治干部思想素质、知识素质和能力素质的形成和发挥。政治干部要有强健的体魄，具体反映在体力要素、体能要素、精力要素上。体力要素，即有持久的耐力素质、力量素质，执行急难险重任务时，能够经得住饥渴、抗得住疲劳、经得起摔打，具有连续作战和担负高强度工作的体力。体能要素，即达到军事训练的基本要求，能够准确、灵活、协调地完成规定动作，在参与战备、训练、执勤等任务时，反应快速敏捷，身体适应性强。精力要素，即无论处理日常事务，还是执行重大任务，都精力充沛，精神饱满；面对纷繁复杂高度紧张的情况，能集中精力，全身心投入，保持清醒的头脑和灵敏的思维。

心理素质。心理素质是指人的心理过程和个性心理特征的状况。良好的心理素质，是政治干部成长进步的必要因素，也是做好政治工作的重要素质条件。具体表现为个性健全、情感健康、意志坚强等。个性健全，即稳健与开拓、热情与理智、自尊与合群相统一，稳重耐心、豁达开朗，和蔼可亲、平易近人，自强不息、乐于进取。情感健康，即有良好的理智感、道德感和美感，有愉快的心境和奋发向上的热情，善于驾驭和控制自己的情感，自觉调节和消除不良情绪，对外界的刺激不过度反应，保持高尚、稳定、深刻的情感。意志坚强，即有坚定自觉的目的性，目标始终如一，长期坚持不懈；有多谋善断的果敢性，深思熟虑、当机立断、处变不惊、沉着应对；有百折不挠的坚韧性，斗志顽强、勇担风险、不畏艰辛、不怕挫折；有明智而为的自制力，自觉抵制各种不良风气和思想的侵蚀与诱惑，冷静处置工作和生活中的烦恼与不快，勇于改正自身的缺点和错误。

第三节 政治机关和政治干部队伍建设的方法途径

加强政治机关和政治干部队伍建设，必须紧紧围绕对党绝对忠诚、聚焦打仗有力、作风形象良好的目标，强化政治引领、深化政治整训，坚持依法依规、注重系统抓建，弘扬优良传统、锐意改革创新，为推进新时代政治建军提供坚强力量支撑。

一、政治机关建设

加强政治机关建设，必须围绕提高政治站位、强化政治担当、提升政治能力、落实政治责任，着重加强思想建设、组织建设、业务建设和作风建设。

思想建设。思想建设是政治机关的基础性建设。加强军队政治机关思想建设，要坚持用习近平新时代中国特色社会主义思想统一思想、统一意志、统一行动。把习近平强军思想作为政治机关学习的重要内容，读原著、学原文、悟原理，多思多想、学深悟透。加强理想信念教育，深化军委主席负责制学习教育，学习我军政治工作优良传统，强化贯彻政治建军方略、坚持党对军队绝对领导根本原则和制度的自觉性、坚定性。深入开展"忠诚党的事业、热爱政治工作"事业观教育，强化岗位认同感、荣誉感，激发重事业、尽职责、创一流、做奉献的热情和干劲。

组织建设。加强政治机关的组织建设，是发挥好政治机关职能作用的重要组织保证。加强机关党组织建设，强化政治功能和组织功能，把政治导向立起来、政治历练抓起来、政治规矩严起来。认真贯彻民主集中制，严格落实各项组织生活制度，严格党员教育管理监督，强化法纪法规约束，用好批评和自我批评武器，开展经常性思想互助，充分发挥机关党组织功能作用和党员先锋模范作用。加强政治机关干部和人才队伍建设，选好配强政治机关干部，优化知识、能力、经历结构，搞好梯次配备。

业务建设。业务建设是政治机关履职的重要支撑。政治机关工作门类众多、专业性很强，必须重视抓好业务建设。要着眼增强掌握思想、抓建组织、服务中心、帮带解难、言传身教的能力，强化业务培训，在学好政治工作基础知识的同时，组织学军事学指挥学科技，了解掌握相关知识，开阔思路视野，厚植理论根基；强化实践锻炼，用好代职锻炼、交流换岗、大项任务锤炼等途径，让政治机关干部在多种实践中丰富阅历，在角色转换中熟悉各方面工作，在急难险重任务中磨砺摔打。深入开展"争创先进政治机关、争当优秀政治干部"活动，激发政治机关干部岗位建功的热情动力。健全完善政治机关工作制度机制，包括学习制度、计划制度、会议制度、请示报告制度、调查研究制度、检查总结制度及岗位责任机制、信息收集使用机制、重要工作承办程序机制等，使机关工作制度化、规范化。

作风建设。加强政治机关作风建设，是政治机关发挥职能作用的必然要求。必须把政治机关作风建设摆在更加突出位置，要践行"三严三实"，发扬严实精神和作风，坚决反对"四风"特别是形式主义、官僚主义，浓厚学习之风、大兴务实之风、弘扬清廉之风、养成简朴之风，树立正确的权力观、政绩观、事业观。坚持严要求，强化带头意识、表率作用，为部队做好样子；坚持重实干，一切从实际出发，察实情、讲实话、鼓实劲、出实招、办实事、求实效，扎扎实实把工作推向前进；坚持依法用权、秉公用权、廉洁用权，按原则办事、按制度办事、按规矩办事、按程序办事，建设务实高效、清正廉洁的政治机关。

二、政治干部队伍建设

政治干部队伍建设是一个系统工程，必须全面做好选拔配备、培养培训、实践锻炼、教育管理和自我修养等各项工作。

一是选拔配备。政治干部的选拔配备既有干部选拔任用的一般要求，也有其特殊性。新时代对政治干部的能力素质提出了新的更高要求，搞好政治干部的选拔配备，成为军队政治干部队伍建设的重要现实课题。坚持严格条件、拓宽来源、科学编配，按照政治干部基本任职条件，严格把好政治关、品行关、能力关、作风关、廉洁关。《军队政治工作条例》对各级各类政治干部分别规定了相应的任职资格和条件，突出强调了政治标准和实践经历。要注重从优秀军事干部和技术干部中选拔改任政治干部，选好用好文职人员，使政治干部来源更加多样、素质更加全面。科学编配政治干部岗位，注重优化年龄、学历、知识、能力、经历等结构，严格规范政治机关干部选调使用，形成合理配置、提高整体功能。

　　二是培养培训。对政治干部进行系统而有针对性的培训，是全面提高政治干部能力素质，使其胜任本职、发挥作用的有效途径。自建军以来我军就高度重视这项工作，有目的、有计划地对各级各类政治干部开展了各种培养培训。一方面，通过院校教育对广大政治干部进行系统培训，充分发挥其主渠道作用；另一方面，通过短期集训、专题集训、以会代训、领导干部传帮带等方式对政治干部进行在职培训，使政治干部在本职岗位上持续"充电"和提高素质。新时代要坚持着眼长远、按需培训、突出重点、训用一致，进一步建强院校政治工作教学力量，健全政治干部分类分级培训体系。重点加强政治干部的岗前培训，完善培训模式，提高培训质效，科学安排培训课程，动态更新教学内容，构建时代特征鲜明、理论实践结合的教材体系，提升适岗能力。注重抓好政治干部的在职培训，要丰富完善培训形式，紧贴部队实际，组织和引导政治干部跟进学习新理论、新知识、新技术、新方法，分析新情况、研究新问题、总结新经验。要依托军事职业教育平台，积极开展军队政治工作职业教育，完善相关机制，探索有效方法，调动参训人员的积极性。

　　三是实践锻炼。实践是人才成长最好的课堂，实践锻炼是培养政治干部的基本方式。加强政治干部队伍建设，必须强化政治干部实践历练，鼓励引导他们到重大军事斗争、重大演训活动一线摔打，到基层、艰苦边远地区、吃劲要紧岗位锻炼，在火热军事实践中经风雨、见世面、壮筋骨、长才干。注重在基层一线积累经验。要有计划地安排政治机关干部到基层锻炼，在与基层官兵朝夕相处中增强群众观念、升华爱兵情怀、磨砺意志品质、培养担当精神。政治干部要自觉树立从基层干起、在一线成长的观念，立足基层成长成才，扎根一线建功立业。注重在关键岗位上增长才干。要把政治干部放在基层政治主官、师旅团政委、政治机关主要领导等重要岗位上，给他们交任务、压担子，最大限度地激发其内在潜能，在较短时期内全面提高领导能力。注重在执行重大任务中提高能力。要充分发挥重大任务培养干部的"磨刀石""试金石"作用，积极鼓励和有计划安排政治干部承担重大任务，通过克服各种艰难险阻磨炼意志、增长本领、展示才华、创造业绩。同时，要注重在完成重大任务中考察识别政治干部，增强对干部能力素质考察的精准度。

　　四是教育管理。正规严格的教育管理，是政治干部队伍建设的重要内容，也是重要保证。加强政治干部教育管理，重点是建立健全教育激励、管理监督、考核评价等机制。建立健全教育激励机制，把思想引领与目标激励、荣誉激励、待遇激励有机结合起来，调动政治干部的积极性、主动性和创造性，增强政治干部的事业心责任感。建立健全管理监督机制，坚持严管和厚爱结合、激励和约束并重，健全和落实政治干部述学述职述廉、党内监督、工作问责等制度，突出对干部选用、军士选晋、立功入党等工作监督，用严格管理和有效监督来约束和规范政治干部的思想和行为。加强对政治干部的人文关怀，积极为他们排忧解难。建立健全考核评价机制，完善体现政治干部特点的考评内容和考评指标体系，注重全方位、多角度、全过程考察政治干部的德才表现。坚持专项考评、年度考评、平时考评相结合，组织考评与群众公认相结合，传统考评方法与先进技术手段相结合，增强考评的全面性和准确性。

五是自我修养。自我修养是政治干部围绕提高自身素质进行自我要求、自我管理、自我提高的活动，是政治干部队伍建设的重要内容。政治干部应当自觉加强自我修养，通过自我修养提高能力素质、锻铸高尚品格。各级政治干部应把勤奋学习贯穿始终，在学习中开阔眼界、更新观念、陶冶情操、增长才干；坚持以党性原则严格要求自己，自觉维护党的威信，树立党员干部良好形象，划清是非、善恶、荣辱、美丑界限，明确政治干部应该坚持什么、反对什么、倡导什么、抵制什么，防微杜渐、警钟长鸣，筑牢思想防线，弘扬新风正气；自觉接受监督，保持对组织和群众的敬畏之心，时刻把自己置于组织和群众的监督之下，以外部监督促进自我修养。

思考题：

1. 如何理解政治机关和政治干部队伍建设的目标要求？
2. 政治干部的必备素质主要包括哪些方面？
3. 成为一名优秀的政治干部应该从哪些方面努力？

第十三章 军队政治工作的创新发展

我军政治工作始终是随着军队所处的时代条件、担负的使命任务和工作对象的变化而不断创新发展的。新时代,国际国内形势的发展、军队使命任务的拓展、官兵成分结构的变化,对军队政治工作提出了新的更高要求。必须紧贴时代发展、紧贴使命任务、紧贴官兵实际,积极推进军队政治工作创新发展,充分发挥其对强军兴军的生命线作用。

第一节 军队政治工作创新发展的必要性

与时俱进推动军队政治工作创新发展,既是我军的优良传统,也是新的时代背景和形势任务提出的现实要求,更是解决当前我军政治工作面临矛盾问题的根本出路。

一、永葆军队政治工作生机活力的历史经验

习近平指出:"人民军队发展史,就是一部改革创新史。"[1] 与人民军队创新发展的历史进程相一致,建军以来,我军政治工作改革创新的步伐从来没有停止过。三湾改编时创建的支部建在连上和士兵委员会等制度,是苏联红军和大革命时期国民革命军中没有实行过的,是我党我军的重大制度创新。古田会议决议确立了思想建党、政治建军原则,确立了我军政治工作的方针、原则、制度,奠定了我军政治工作的基础。抗日战争时期的《关于军队政治工作问题》的报告阐明了军队政治工作的一系列重大理论原则问题,成为我军政治工作历史上具有里程碑意义的创新成果。解放战争时期,建立请示报告制度,开展团结互助运动、立功运动和新式整军运动等,军队政治工作充满生机活力。新中国成立后,我军创造了抗美援朝出国作战政治工作、边境自卫还击作战政治工作等新鲜经验,健全了包括各军兵种政治工作在内的组织系统和法规体系。改革开放以来,军队政治工作着力回答改革开放和发展社会主义市场经济

---

① 《习近平谈治国理政》第二卷,外文出版社 2017 年版,第 406 页。

条件下军队思想政治建设面临的新情况新问题，有许多新的创造和发展。党的十八大以来，以古田全军政治工作会议为起点，我军政治工作直面问题、革故鼎新，坚定不移推进政治整训，重构重塑组织领导体制和运行机制，健全完善政策法规体系，构建新时代我军思想政治教育体系，全面锻造"三个过硬"基层，保证了我们这支党领导的人民军队守住了根和魂，走开了快速发展的步伐，赢得了迈向世界一流的主动。实践证明，在继承优良传统基础上改革创新，是我军政治工作始终充满生机活力的不竭源泉。

二、适应政治工作时代背景深刻变化的现实要求

军队政治工作创新发展，是与时代背景的变化紧密联系在一起的，时代背景既对军队政治工作创新发展提出了迫切要求，也为军队政治工作创新发展提供了必要条件。习近平指出："当今世界，信息技术日新月异，我国经济社会深刻变革，思想文化更加多元多样多变，军队现代化建设加速推进。"① 在这样的背景下，军队政治工作既面临难得机遇，也面临严峻挑战，只有坚持守正创新，才能永葆生机和活力。以信息技术为核心的新一轮科技革命兴起，深刻改变舆论生态、媒体格局、传播方式，互联网已成为意识形态斗争的主阵地、主战场、最前沿。这就要求政治工作顺势而为、因势利导，研究把握信息网络时代政治工作的特点规律，用好用活网络平台，占领网络舆论阵地，推动政治工作传统优势与信息技术高度融合，增强政治工作主动性和实效性。我国正在经历广泛而深刻的社会变革，社会主要矛盾已转化为人民日益增长的美好生活需要和不平衡不充分的发展之间的矛盾，经济已由高速增长阶段转向高质量发展阶段。发展方式、发展动力、发展领域、发展质量的深刻变革，社会观念、社会心理、社会行为的深刻变化，必然会反映到部队中来，要求军队政治工作积极适应经济社会发展的新变化，探寻新对策、创造新办法，增强时代性和感召力。随着我国改革开放的深入推进，各种思想文化交互激荡，不同文明交流交融交锋更加频繁，社会利益多样化、价值追求多元化，官兵思想活动独立性、选择性、多变性、差异性明显增强，要求军队政治工作必须强化政治引领，增强官兵政治敏锐性和政治鉴别力。新时代新征程，我军正在向实现党在新时代的强军目标迈进，备战打仗任务艰巨繁重，国防和军队改革不断深化，官兵成

---

① 《十八大以来重要文献选编》中，中央文献出版社 2016 年版，第 205 页。

分结构发生深刻变化，部队的教育管理、官兵关系呈现出许多新特点，迫切需要军队政治工作着眼这些新变化，进一步采取有力措施加强和改进，把服务保证作用充分有效地发挥出来。

三、解决军队政治工作自身矛盾问题的根本出路

习近平指出："问题是创新的起点，也是创新的动力源。"① 军队政治工作的创新发展，是由自身面临的矛盾问题推动的，也是在解决这些矛盾问题中不断推进的。与加快国防和军队现代化相适应，用全面加强军事治理、推动高质量发展等新要求来审视，我军政治工作还存在不少亟待解决的矛盾和问题。在思维理念方面，我军坚持边斗争、边备战、边建设，坚持机械化、信息化、智能化融合发展，坚持全局统筹、系统抓建、体系治理，亟须提高战略思维、历史思维、辩证思维、系统思维、创新思维、法治思维、底线思维能力。在运行模式方面，面对军委管总、战区主战、军种主建新格局和部队建设管理模式新变化，亟须转变职能、转变作风、转变工作方式，纠治形式主义和官僚主义，提高工作效率和组织效能。在指导方式方面，实现治军方式"三个根本性转变"，亟须提高运用法治思维和法治方式能力，依据法规制度指导开展工作。在方法手段方面，"占领网络、用好网络"成为时代要求，亟须加强政治工作信息化、网络化研究，解决好方法手段与"网生代"官兵不适应、不合拍问题。军队政治工作只有不断深化对自身特点规律的认识，下大气力改革创新，才能解决好存在的突出矛盾问题，适应新形势，实现新发展。

第二节　军队政治工作创新发展的目标和原则

推进军队政治工作创新发展，必须明确目标、把握原则。只有确立正确的目标和科学的原则，政治工作创新发展才有引领和规范，才能达到预期目的、取得实际效果。

---

① 习近平：《论党的宣传思想工作》，中央文献出版社 2020 年版，第 225 页。

一、军队政治工作创新发展的目标

习近平指出，要"提高政治工作信息化、法治化、科学化水平"[①]。这明确了新时代军队政治工作创新发展的基本目标。

提高政治工作信息化水平。就是充分运用现代信息技术，借助各种信息载体、平台、手段，对政治工作有关信息资源进行采集、加工、处理、传播，提高政治工作效率效能。这一目标主要包括：信息技术在军队政治工作中得到广泛应用，建设和完善政治工作指挥信息系统，实现政治工作办公自动化；政治工作信息资源得到有效开发，形成政治工作各级各类信息资源库等；政治工作信息化基础设施完备，传输网络和宣传网络平台得到普及；政策法规和标准健全完善，相关工作依规有序运行；政治工作信息化理论基本形成，在效能检验、数字化管理等方面有比较成熟的研究成果；人才队伍结构合理、规模适当，能够满足政治工作信息化建设需要。

提高政治工作法治化水平。就是把政治工作纳入法治轨道，依据条令条例和规章制度开展工作，按照法定职责权限履职用权，使军队政治工作更加规范有序。这一目标主要包括：法治信仰和法治思维深入人心，依法开展政治工作成为各级的思维方式和思想自觉；系统完备、严密高效的政治工作法规体系基本形成，党委依法决策、机关依法指导、部队依法行动、官兵依法履职；监督检查、考核评价、执纪执法、责任追究严格有效，政治工作法规制度的严肃性、权威性得到有力维护。

提高政治工作科学化水平。就是深入研究和把握政治工作发挥生命线作用的机理，遵循思想工作和组织工作规律，运用科学的思想方法和工作方法，科学筹划、科学组织、科学实施军队政治工作，使政治工作更加符合实际、富有成效。这一目标主要包括：政治工作领导决策规则程序、咨询制度、信息和智力支持健全完善，形成比较完备的决策反馈和纠错机制；政治工作组织实施方案计划周密完善、资源配置科学合理、责任分工清晰明确，实现精准谋划、精准部署、精准落实；政治工作检查评估的指标体系完善、方法手段先进，评价结果得到及时充分运用，导向、牵引和规范作用显著。

二、军队政治工作创新发展的原则

军队政治工作创新发展，必须有利于发挥我军特有的政治优势，有利于巩

[①] 《十八大以来重要文献选编》中，中央文献出版社 2016 年版，第 205 页。

固提高部队战斗力，有利于保持部队的高度稳定和集中统一。坚持和贯彻这些原则，才能确保政治工作创新发展的正确方向，确保政治工作创新发展不走弯路、取得成效。

必须有利于发挥我军特有的政治优势。在长期实践中，我军形成了一整套光荣传统和优良作风，这是我军区别于其他剥削阶级军队的显著标志，是我军特有的政治优势，任何时候都不能丢。政治工作创新发展必须以有利于发挥我军特有的政治优势为原则，坚持守正创新，决不能损害或削弱我军的政治优势。要认清创新不是割裂历史，不是对过去政治工作的否定，无论如何改进创新，都应牢牢把握其实质和目的，在往哪创新、创新什么、如何创新上要有政治定力和战略定力，决不能在根本性问题上出现颠覆性错误。对那些体现我军政治优势的好传统好作风，决不能怀疑、否定和抛弃。要通过政治工作创新发展，健全军队党的建设制度体系，完善政治工作制度机制以及相关政策规定，从而更好地坚持党对军队的绝对领导、坚持人民军队的性质和宗旨、坚持我军的光荣传统和优良作风。

必须有利于巩固提高部队战斗力。习近平指出："军队是要准备打仗的，一切工作都必须坚持战斗力标准，向能打仗、打胜仗聚焦。"[①] 这就要求军队政治工作创新发展必须以服务保证战斗力建设为出发点和落脚点，把战斗力这个唯一的根本的标准贯彻到创新发展全过程，使政治工作的力量和资源向战斗力聚焦，在巩固提高战斗力上充分发挥作用。一方面，围绕服务保证战斗力提升创新政治工作。探索军队政治工作服务保证战斗力建设的作用机理，改进政治工作内容、方法和机制，形成有利于提高战斗力的舆论导向、工作导向、用人导向、政策导向，强化官兵当兵打仗、带兵打仗、练兵打仗的思想，使部队始终保持召之即来、来之能战、战之必胜的战备状态。另一方面，围绕有效瓦解敌军创新政治工作。按照打赢现代战争的要求，创新舆论战、心理战、法律战战法，增强与敌进行舆论较量、心理攻防和法理争夺的能力，最大限度地实现政治和军事效益。

必须有利于确保部队高度集中统一和纯洁巩固。军队要顺利高效完成使命任务，必须保持高度稳定和集中统一。推进军队政治工作创新发展，必须坚持以有利于保证军内外团结、保证上下左右高度协调一致为原则，自觉把创新力

---

① 《习近平谈治国理政》第三卷，外文出版社 2020 年版，第 42 页。

度、发展速度同官兵、部队和社会承受程度结合起来。对政治工作的改进创新要在党中央、中央军委的领导下，有组织、有计划、有步骤地扎实推进，确保官兵思想统一、步调一致。政治工作创新发展必须稳妥审慎。政治工作的创新发展必然伴随着观念更新、利益调整、关系协调和机制转换，客观上存在着一定的阻力和风险，必须循序渐进地向前推进。政治工作创新发展与官兵切身利益密切相关，具有一定的敏感性，必须坚持实事求是、强化系统观念，潜心调查研究、科学规划论证，把握主次关系、区分轻重缓急，周密组织实施、全程跟踪问效，凝聚好共识、掌握好节奏、控制好风险，使政治工作的创新发展始终有力、有序、有效地稳妥推进。

第三节　军队政治工作创新发展的途径

面对新时代带来的新机遇和提出的新挑战，必须围绕军队政治工作创新发展的基本目标，努力创新政治工作的思维理念、运行模式、指导方式、方法手段。

一、创新政治工作思维理念

军队政治工作的思维理念，是指基于军队政治工作实践活动、探究政治工作客观规律而得出的理性观念。习近平指出："理念是行动的先导，一定的发展实践都是由一定的发展理念来引领的。发展理念是否对头，从根本上决定着发展成效乃至成败。"[1] 思维理念的落后是最大的落后，思维理念的转变是最根本的转变，军队政治工作创新发展，首先需要创新思维理念。

树立和强化大政工思维理念。大政工思维理念，就是要把军队政治工作放在社会大系统、军队建设大系统、政治工作自身系统中进行思考，使政治工作各要素与其他相关要素相协调、相配合，形成一体化运行和发展态势。应着眼形成政治工作强大合力，把部队、家庭、社会等各种力量动员组织衔接起来，借助社会资源，构建全方位、宽领域的政治工作格局，同时发动军队各方面力量共同做好政治工作。应着眼军队使命任务的拓展，深度融入联合作战和军事

---

[1] 《习近平谈治国理政》第二卷，外文出版社 2017 年版，第 197 页。

斗争，做好军队执行任务中政治工作，拓展政治工作服务保证领域和功能。应着眼政治工作内部各要素的相互影响和相互作用，注重搞好思想教育、人文关怀与心理疏导，传统媒体与新媒体、解决思想问题和解决实际问题的有机结合和相互配合，共同增强政治工作效果。

树立和强化互联网思维理念。互联网思维理念，就是着眼于互联网的影响力及其特点去思考和解决问题的一种认知方式和思维结构。习近平指出，"政治工作过不了网络关就过不了时代关"[①]，"各级领导干部特别是高级干部要主动适应信息化要求、强化互联网思维"[②]。军队政治工作树立和强化互联网思维理念，一方面，要树立和强化网络阵地意识。随着信息社会飞速发展，互联网越来越成为人们学习、工作、生活的新空间，成为获取公共服务的新平台，成为各种思想文化交流交汇交锋的新阵地。军队政治工作要深刻认识到，信息网络给官兵思想行为带来的影响越来越突出，工作对象在网上、意识形态斗争在网上、思想文化阵地在网上，政治工作决不能忽视和轻视网络，更不能游离于网络之外。另一方面，要树立和强化针对互联网特点开展政治工作的意识。互联网作为一种新型媒体手段，具有用户至上、平等互动、简约高效、快速响应、海量数据、开放共享、跨界融合等鲜明特点，政治工作必须充分认识和主动适应这些特点，有针对性地在网络平台上开展工作，切实掌握网络时代主动权、真正过好网络关。

树立和强化精准精细思维理念。精准精细思维理念，就是要着眼政治工作对象特点和目标要求，精心选择合适的时机，采取管用的措施，把握恰当的节奏和力度，增强政治工作的针对性和有效性。精准精细把握工作对象的特点。政治工作的对象是人，官兵的经历阅历、思想基础、实际问题多种多样、千变万化，离开对官兵特点的认识和把握，政治工作就会大而化之、流于空泛。政治工作要深入细致分析研究不同官兵思想观念、价值取向、行为方式、精神文化需求的差异，力争找到穴位、把准脉搏，有的放矢、对症下药，有针对性地做好一人一事的工作。精准精细把握工作时机。开展政治工作是有最佳时机的，必须注重掌握"窗口期"、赢得先机和主动。只有审时度势，准确辨识工作时机，在最适当的时候展开教育引导，采取相应工作举措，才能使现实问题

---

① 《十八大以来重要文献选编》中，中央文献出版社2016年版，第205页。
② 《习近平关于网络强国论述摘编》，中央文献出版社2021年版，第11页。

及时得到解决，把潜在矛盾消灭在萌芽状态，起到事半功倍的效果。精准精细把握工作力度。凡事有度，过犹不及。开展政治工作必须把握好"尺度"、拿捏好"分寸"、控制好"火候"，才能契合广大官兵的接受习惯，满足"用户体验"，使政治工作为官兵所喜闻乐见。

树立和强化质量效益思维理念。质量效益的思维理念，就是开展任何政治工作，都要从质量和效益的视角去考察和衡量，牢固树立战斗力这个唯一的根本的标准，提高对战斗力的贡献率。习近平指出，"必须牢牢把握高质量发展的要求，坚持质量第一、效益优先"，"牢牢把握基本路径，推动质量变革、效率变革、动力变革"。① 质量和效益是紧密联系、相互促进的，抓质量才能得效益，要效益必须抓质量。军队政治工作应树立和强化精品意识，确立高标准，坚持严要求，真抓实干、精雕细刻，力争出高质量成果。应树立和强化成本意识，聚焦重点任务，实行科学管理，合理运用资源，防止重复建设，注重精打细算、减少浪费，使效益最大化。

二、创新政治工作运行模式

军队政治工作运行模式，是指政治工作运行的标准和样式。新时代军队政治工作既要坚持和运用好现有的行之有效的运行模式，又要与时俱进不断进行充实、完善、丰富和发展。

创新政治工作信息获取模式。及时准确地了解官兵实际，掌握相关信息，是开展政治工作的前提和基础。在继续用好召开座谈会、个别访谈、听取汇报、问卷调查等传统模式的基础上，要充分利用现代信息技术，增强信息感知广度和获取速度。通过开发建设政治工作大数据信息管理平台，综合运用计算机建模、预测分析、虚拟现实等手段，及时准确地获取、分析、判断军心士气、社情民意、社会舆论动向等各方面信息。要积极借助运用现代调查统计理论与技术，增强信息掌握的准确度和分析处理的深度。通过合理选择确定调研点位、样本，长期跟踪调查，完整、准确、连续地了解掌握官兵动态和部队情况变化。依托有关单位建立社情、军情、舆情专业调查机构和队伍，提高情况调查和信息获取的专业化水平。

创新政治工作领导决策模式。科学决策是政治工作运行的关键环节。新时

---

① 《习近平谈治国理政》第三卷，外文出版社 2020 年版，第 239 页。

代，军队领导决策面临的情况更加复杂，应注重借鉴各种新方法新手段，使政治工作决策更加科学、民主、高效。要结合实际采用信息技术辅助决策，通过大数据融合分析和人工智能参与，推动政治工作决策由单纯依靠人脑向人机交互型转变、由经验判断型向数据分析型转变、由被动处置型向主动发现型转变。要充分发挥专家智库的作用，畅通听取专家意见建议的渠道，建立与专业智库、知名专家长期固定的联系，最大限度地集思广益，吸纳专家智慧。

创新政治工作组织实施模式。我军政治工作组织实施，主要包括统筹谋划、制定方案、具体展开、考评总结等环节。创新政治工作组织实施模式，要拓展主体力量构成，针对新时代官兵参与意识增强、文化程度提高的特点，积极发动大家来做政治工作，增强工作效果；要丰富方式方法，充分利用和共享各种资源，使政治工作为广大官兵喜闻乐见、入脑入心；要优化工作流程，有机衔接、精准对接各环节，防止空转虚耗，使政治工作更加简捷高效。

三、创新政治工作指导方式

军队政治工作指导方式，是指各级党委和政治机关对军队政治工作实施领导和指导过程中所形成的相对稳定的运行程序和方式方法。创新政治工作指导方式，是新时代政治工作创新发展的必然要求和重要方面。

加强依法指导。要严格按照法定职责权限指导和开展工作，完善权责清单，强化担当作为，确保各司其职、各尽其责。要把政治工作指导活动全面纳入到法治轨道上来，做到筹划部署工作以法规为依据，解决矛盾问题运用法治手段，工作落实靠法规制度推动，减少指导中的主观性、随意性和自由裁量空间，保证工作循于法、秩序统于法、忙乱止于法。

加强科学指导。要持续不断地端正工作指导思想，摒弃形式主义、官僚主义，把"五多"问题减下来，把机关乱忙、部队忙乱的现象有效遏制住。聚焦巩固和提高部队战斗力开展工作指导，剔除一切与中心无关或者关系不大的内容。指导方式要注重简洁高效，方便官兵掌握、便于基层落实，下大力改进文风和会风，快速准确、雷厉风行解决问题。积极探索部队动态分散条件下工作指导特点和规律，加大线上指导力度，把线上与线下指导有机结合起来。

四、创新政治工作方法手段

军队政治工作方法手段，是指党在军队开展思想工作和组织工作所运用的工具、办法、措施、策略等，对实现政治工作目的、完成政治工作任务具有重要作用。创新政治工作方法手段，是军队政治工作创新发展的题中应有之义，必须把坚持正确方向、聚焦备战打仗、注重实在管用作为方法手段创新的基本要求。

创新方法手段需要凝聚官兵智慧力量。官兵中蕴含着巨大的创新潜能，我军历史上的团结互助运动、立功运动、新式整军运动等，都是由基层官兵首创而来，体现了政治工作贯彻群众路线的威力。新时代基层官兵活跃在军队各条战线，其文化素质、科技素养、知识视野都有较大提高，是军队政治工作方法手段创新发展的主力军。丰富和发展政治工作方法手段，要尊重官兵主体地位，发挥官兵首创精神，大力营造创新氛围，激发官兵共同参与政治工作的积极性、主动性，探索充分发挥三大民主的载体和途径，从广大官兵中汲取智慧和力量。

创新方法手段应当注重科技赋能。科学技术是军事发展中最活跃、最具革命性的因素，从来没有像今天这样影响我军建设发展。新时代军队政治工作方法手段创新，应当把握国家加快建设科技强国、军队坚持机械化信息化智能化融合发展大势，充分运用新技术新应用提供的新载体新空间，做好做足科技赋能大文章。推动政治工作传统优势与信息技术高度融合，要注重把信息网络技术运用到政治工作领域。要善于利用网络平台开展政治工作，以提高效率、增强效果；善于通过网络空间传播信息，改变官兵认知；善于通过"微教育""云课堂""短视频"等，灵活高效做好政治工作；善于运用大数据、云计算、人工智能等手段，精准调查研究、精准分析研判、精准组织实施。

政治干部的表率作用本身就是最好的政治工作。过去，我们做政治工作主要靠模范带头。现在形势发展变化了，做政治工作方法手段多了，但模范带头并没有过时。官兵不是看你怎么说，而是看你怎么做。模范带头、以身作则，既要大力弘扬我党我军光荣传统和优良作风，也要与时俱进不断赋予其新的时代内涵。新时代新征程要求领导干部和政治干部必须带头以学铸魂、以学增智、以学正风、以学促干，培塑政治忠诚，聚力备战打仗，勇于担当作为，在各个方面作示范、立标杆，把真理力量和人格力量统一起来，切实立起威信、增强质效。

思考题:

1. 新时代为什么要推进军队政治工作创新发展?

2. 如何理解新时代军队政治工作创新发展的目标?

3. 如何贯彻军队政治工作创新发展的原则?

阅 读 文 献

■ 马克思：《〈政治经济学批判〉导言》，《马克思恩格斯选集》第二卷，人民出版社 2012 年版。

■ 马克思：《资本论》第一卷（节选），《马克思恩格斯选集》第二卷，人民出版社 2012 年版。

■ 马克思、恩格斯：《共产党宣言》，《马克思恩格斯选集》第一卷，人民出版社 2012 年版。

■ 马克思、恩格斯：《德意志意识形态》（节选），《马克思恩格斯选集》第一卷，人民出版社 2012 年版。

■ 恩格斯：《社会主义从空想到科学的发展》，《马克思恩格斯选集》第三卷，人民出版社 2012 年版。

■ 恩格斯：《反杜林论》，《马克思恩格斯选集》第三卷，人民出版社 2012 年版。

■ 恩格斯：《路德维希·费尔巴哈和德国古典哲学的终结》，《马克思恩格斯选集》第四卷，人民出版社 2012 年版。

■ 列宁：《怎么办?》，《列宁全集》第六卷，人民出版社 2013 年版。

■ 列宁：《军队和革命》，《列宁全集》第十二卷，人民出版社 2017 年版。

■ 列宁：《国家与革命》，《列宁全集》第三十一卷，人民出版社 2017 年版。

■ 列宁：《谈谈辩证法问题》，《列宁全集》第五十五卷，人民出版社 2017 年版。

■ 毛泽东：《中国的红色政权为什么能够存在?》，《毛泽东选集》第一卷，人民出版社 1991 年版。

■ 毛泽东：《井冈山的斗争》，《毛泽东选集》第一卷，人民出版社 1991 年版。

■ 毛泽东：《关于纠正党内的错误思想》，《毛泽东选集》第一卷，人民出版社 1991 年版。

■ 毛泽东：《反对本本主义》，《毛泽东选集》第一卷，人民出版社 1991 年版。

■ 毛泽东：《实践论》，《毛泽东选集》第一卷，人民出版社 1991 年版。

■ 毛泽东：《矛盾论》，《毛泽东选集》第一卷，人民出版社 1991 年版。

■ 毛泽东：《论持久战》，《毛泽东选集》第二卷，人民出版社 1991 年版。

■ 毛泽东：《和英国记者贝特兰的谈话》，《毛泽东选集》第二卷，人民出版社 1991 年版。

■ 毛泽东：《在延安文艺座谈会上的讲话》，《毛泽东选集》第三卷，人民出版社 1991 年版。

■ 毛泽东：《改造我们的学习》，《毛泽东选集》第三卷，人民出版社 1991 年版。

■ 毛泽东：《为人民服务》，《毛泽东选集》第三卷，人民出版社 1991 年版。

■ 毛泽东：《关于领导方法的若干问题》，《毛泽东选集》第三卷，人民出版社 1991 年版。

■ 毛泽东：《学习和时局》，《毛泽东选集》第三卷，人民出版社 1991 年版。

■ 毛泽东：《整顿党的作风》，《毛泽东选集》第三卷，人民出版社 1991 年版。

■ 毛泽东：《反对党八股》，《毛泽东选集》第三卷，人民出版社 1991 年版。

■ 毛泽东：《对晋绥日报编辑人员的谈话》，《毛泽东选集》第四卷，人民出版社 1991 年版。

■ 毛泽东：《在晋绥干部会议上的讲话》，《毛泽东选集》第四卷，人民出版社 1991 年版。

■ 毛泽东：《党委会的工作方法》，《毛泽东选集》第四卷，人民出版社 1991 年版。

■ 毛泽东：《军队内部的民主运动》，《毛泽东选集》第四卷，人民出版社 1991 年版。

■ 毛泽东：《革命单搞军事不行》，《毛泽东军事文集》第六卷，军事科学出版社、中央文献出版社 1993 年版。

■ 邓小平：《全党重视做统一战线工作》，《邓小平文选》第一卷，人民出版社 1994 年版。

■ 邓小平：《在全军政治工作会议上的讲话》，《邓小平文选》第二卷，人民出版社 1994 年版。

■ 邓小平：《坚持党的路线，改进工作方法》，《邓小平文选》第二卷，人民出版社 1994 年版。

■ 邓小平：《解放思想，实事求是，团结一致向前看》，《邓小平文选》第二卷，人民出版社 1994 年版。

■ 邓小平：《会见参加中央军委扩大会议全体同志时的讲话》，《邓小平文选》第三卷，人民出版社 1993 年版。

■ 邓小平：《一靠理想二靠纪律才能团结起来》，《邓小平文选》第三卷，人民出版社 1993 年版。

■ 江泽民：《必须把思想政治建设摆在全军各项建设的首位》，《论国防和军队建设》，解放军出版社 2003 年版。

■ 江泽民：《加强和改进新的历史条件下军队政治建设》，《论国防和军队建设》，解放军出版社 2003 年版。

■ 江泽民：《认真贯彻"三个代表"要求，推进军队思想政治建设的创新发展》，《论国防和军队建设》，解放军出版社 2003 年版。

■ 江泽民：《部队要做到政治合格、军事过硬、作风优良、纪律严明、保障有力》，《江泽民文选》第一卷，人民出版社 2006 年版。

■ 江泽民：《坚持党对军队的绝对领导》，《江泽民文选》第一卷，人民出版社 2006 年版。

■ 胡锦涛：《坚持用中国特色社会主义理论体系武装全军，推动国防和军队建设科学发展》，《国防和军队建设贯彻落实科学发展观重要论述选编》，解放军出版社 2010 年版。

■ 胡锦涛：《大力加强新形势下军队思想政治建设》，《国防和军队建设贯彻落实科学发展观重要论述选编》，解放军出版社 2010 年版。

■ 胡锦涛：《适应新的形势任务要求，大力加强和改进军队党的建设》，《国防和军队建设贯彻落实科学发展观重要论述选编》，解放军出版社 2010 年版。

■ 胡锦涛：《坚持把科学发展观作为加强国防和军队建设的重要指导方针》，《国防和军队建设贯彻落实科学发展观重要论述选编》，解放军出版社 2010 年版。

■ 习近平：《高举中国特色社会主义伟大旗帜，为全面建设社会主义现代化国家而团结奋斗》，《习近平著作选读》第一卷，人民出版社 2023 年版。

■ 习近平：《决胜全面建成小康社会，夺取新时代中国特色社会主义伟大胜利》，《习近平著作选读》第二卷，人民出版社 2023 年版。

■ 习近平：《牢牢把握强军目标，建设一支强大人民军队》，《习近平著作选读》第一卷，人民出版社 2023 年版。

■ 习近平：《充分发挥政治工作对强军兴军的生命线作用》，《习近平著作选读》第一卷，人民出版社 2023 年版。

■ 习近平：《推进强军事业，建设世界一流军队》，《习近平著作选读》第一卷，人民出版社 2023 年版。

■ 习近平：《继承和弘扬伟大抗战精神》，《习近平著作选读》第二卷，人民出版社 2023 年版。

■ 习近平：《铭记抗美援朝战争伟大胜利》，《习近平著作选读》第二卷，人民出版社 2023 年版。

■ 习近平：《确保如期实现建军一百年奋斗目标》，《习近平著作选读》第二卷，人民出版社 2023 年版。

■ 习近平：《努力建设巩固国防和强大军队》，《习近平谈治国理政》第一卷，外文出版社 2018 年版。

■ 习近平：《全面加强新时代人民军队党的领导和党的建设工作》，《习近平谈治国理政》第三卷，外文出版社 2020 年版。

■ 习近平：《深入实施新时代人才强军战略》，《习近平谈治国理政》第四卷，外文出版社 2022 年版。

■ 周恩来：《抗战军队的政治工作》，《周恩来选集》上卷，人民出版社 1980 年版。

■ 刘少奇：《论党》，《刘少奇选集》上卷，人民出版社 1981 年版。

■ 聂荣臻：《军队中政治工作的意义》，《聂荣臻军事文选》，解放军出版社1992年版。

■ 谭政：《关于军队政治工作问题》，《中国人民解放军政治工作历史资料选编》第七册，解放军出版社2004年版。

■《中国共产党章程》，人民出版社2022年版。

■《中国共产党两个关于若干历史问题的决议》，人民出版社2021年版。

■《中共中央关于党的百年奋斗重大成就和历史经验的决议》，人民出版社2021年版。

■《中国共产党简史》，人民出版社、中共党史出版社2021年版。

■《中华人民共和国简史》，人民出版社、当代中国出版社2021年版。

■《改革开放简史》，人民出版社、中国社会科学出版社2021年版。

■《社会主义发展简史》，人民出版社、学习出版社2021年版。

第一版后记

　　《军队政治工作学》教材是马克思主义理论研究和建设工程重点教材。在编写过程中，得到了马克思主义理论研究和建设工程咨询委员会的指导，得到了中央有关部门和专家学者的帮助和支持。同时，广泛听取了军事院校军队政治工作学课程教师和大学生的意见和建议。

　　本教材由首席专家蒋乾麟主持编写。参加初稿撰写的有：蒋乾麟、吴杰明、侯敬智、刘戟锋、李铁民、沈国权、王幸生、肖益朝、齐春元、刘星星、张理海、赵勇、龙方成、邱圣宏、刘继忠。自始至终参加修改统稿的有：蒋乾麟、吴杰明、侯敬智、沈国权。提出修改意见的有：邵华泽、李慎明、侯树栋、刘继贤、许志功、秦怀保、张铁健、郑卫平、高建国、张海燕、周涛、禹光、张振江、宋方敏、李斌、王鸿生、范骁骏、陈克敏、王长存、房忠贤、岳忠强、裘克人、赵子忱、周碧晴、王征、干前进、肖裕生、马建国、凌焕新、彭怀东、凌胜华、林乘东、罗志清、黄文涛。张磊主持了工程办公室组织的统稿和审改。宋凌云、邵文辉、田岩、冯静、李海青、冯宏良、张建刚、宋义栋、王燕燕等参加统稿和审改。参加集中阅看并提出修改意见的有：张剑、陈占安、王浦劬、秦宣、肖贵清、顾钰明、张澍军、郑永廷等。

2011 年 3 月

第二版后记

《军队政治工作学》教材是马克思主义理论研究和建设工程重点教材。在编写过程中，得到了马克思主义理论研究和建设工程咨询委员会的指导，得到了中央军委政治工作部领导、机关和有关专家学者的关心、支持和帮助。同时，广泛听取了军事院校军队政治工作学课程教员和学员的意见和建议。

本教材2011年出版，由首席专家蒋乾麟主持编写。首席专家吴杰明、侯敬智，课题组成员李铁民、沈国权、王幸生、肖益朝、齐春元、刘星星、张理海、赵勇、龙方成参加编写。

为适应新时代军队政治工作学教学需要，贯彻落实党的十八大、十九大和二十大精神，推动习近平新时代中国特色社会主义思想进教材、进课堂、进头脑，深入学习贯彻习近平强军思想，中央军委政治工作部遴选全军有关专家组成课题组，对教材进行了修订。由首席专家吴杰明主持修订，首席专家沈志华、苗润奇，课题组成员杜中武、赵勇、张丙辰、宋联江、张伟、荆磊、尚伟、杨红章、孙金祥、龚波、陈岸然、谈志兴，以及孟财、张严瑞、张轩豪参加修订。国防大学科研部牵头组织统稿和修改等工作。参加修改统稿的有：吴杰明、沈志华、苗润奇、刘星星、刘继忠、高旭、李进、孟财、张严瑞、张轩豪。提出修改意见的有：陶传铭、肖冬松、蒋乾麟、侯敬智、沈国权、邱圣宏、杨洪江、范骁骏、张凤中、何波涛、罗志清、张国新、朱廷春、冯宪书、吴东莞。马克思主义理论研究和建设工程办公室组织了教材审改工作。

2024年4月